Bariso
EQ – Emotionale Intelligenz

Lob für *EQ – Emotionale Intelligenz*

„*EQ – Emotionale Intelligenz* ist gut recherchiert, steckt voll interessanter Geschichten und lässt sich gut lesen. Eine große Hilfe für Firmen, die etwas über Führung und Management lernen und ihre Firmenkultur insgesamt verbessern wollen."

Marshall Goldsmith, weltbekannter Denker zum Thema Führung und Autor von *Triggers* und *Was Sie hierher gebracht hat, wird Sie nicht weiterbringen*

„In *EQ – Emotionale Intelligenz* erläutert Justin Bariso auf faszinierende Weise, warum emotionale Intelligenz heute wichtiger ist denn je. Seine Erläuterungen zum Thema Verhalten helfen dabei, andere Menschen zu verstehen – und sich selbst."

Sally Hogshead, Bestsellerautorin von *Fascinate* und *How the World Sees You*

„Die Rolle von Gefühlen am Arbeitsplatz zu verstehen und intelligent damit umzugehen, ist der Schlüssel zum geschäftlichen Erfolg. Dieses erstaunliche Buch erklärt, warum das so ist – und wie man es genau macht."

Alexander Kjerulf, Chief Happiness Officer, Woohoo Inc.

EQ – Emotionale Intelligenz

Wie es im Privat- und Berufsleben gelingt, emotionale Reaktionen zu kontrollieren und Emotionen sinnvoll zu nutzen

von

Justin Bariso

Aus dem Amerikanischen übersetzt von

Ute Mareik

Verlag Franz Vahlen München

Translated from the English language: EQ APPLIED
The Real-World Guide to Emotional Intelligence
First published by: BOROUGH HALL Germany.
Produced by Page Two

ISBN Print: 978 3 8006 6069 8
ISBN E-Book: 978 3 8006 6070 4

Wilhelmstr. 9, 80801 München
Satz: Fotosatz Buck
Zweikirchener Str. 7, 84036 Kumhausen
Druck und Bindung: Druckhaus Nomos
In den Lissen 12, 76547 Sinzheim
Umschlaggestaltung: In Anlehnung an das Original von Aksara Mantra, bearbeitet von Ralph Zimmermann – Bureau Parapluie
Bildnachweis: © westa – depositphotos.com
Gedruckt auf säurefreiem, alterungsbeständigem Papier
(hergestellt aus chlorfrei gebleichtem Zellstoff)

Für Dominika, Jonah und Lily, von denen ich so viel gelernt habe, dass ich mehr als eine Million Bücher schreiben könnte.

Inhaltsverzeichnis

Einleitung

1995 veröffentlichte der Psychologe und Wissenschaftsjournalist Daniel Goleman ein Buch, in dem er große Teile der Welt mit dem Konzept der emotionalen Intelligenz vertraut machte. Die Idee – dass unsere Fähigkeit, Gefühle zu verstehen und zu handhaben, unsere Erfolgschancen erhöht – fand schnell Anhänger. Sie beeinflusst bis heute, wie wir über Gefühle und menschliches Verhalten denken.

In den über 20 Jahren seit Erscheinen von Golemans Buch hat sich die Welt dramatisch verändert und wir brauchen die emotionale Intelligenz mehr denn je.

Man bedenke beispielsweise, dass ein politisches Klima der Zerrissenheit heute die Norm ist. Gefühle wie Angst und Wut werden im Wahlkampf als „Massenüberzeugungswaffen" eingesetzt. Begeisterte Anhänger – die den politischen Gegner nur zu gern für dumm oder unverbesserlich halten – streiten sich heftig und greifen ihr Gegenüber persönlich an. Ein rationaler Diskurs wird so unmöglich.

Krieg, Globalisierung und Verstädterung bringen Menschen unterschiedlicher Rassen, Kulturen und Hintergründe zusammen. In dicht besiedelten Städten wohnen Reich und Arm nah beieinander. In manchen Ländern gibt es Flüchtlingslager in Wohngebieten. Doch was man nicht kennt, macht Angst, so entstehen aus Verschiedenheit Misstrauen und Sorge.

Das Internet hat uns gewaltige Informationsmengen zur Verfügung gestellt. Neuigkeiten verbreiten sich mit Lichtgeschwindigkeit, doch es fällt schwer, Information und Desinformation, Wahrheit und Lüge zu unterscheiden. Das Ergebnis? Wir leben in postfaktischen Zeiten: Gefühle und persönliche Überzeugungen sind einflussreicher als objektive Fakten.

Die weite Verbreitung von Smartphones und anderen mobilen Endgeräten hat kurze Momente des Nachdenkens und der Selbstreflexion durch ständiges Lesen und Beantworten von Nachrichten ersetzt. Wir werfen einen Blick in die sozialen Medien oder starten eine Recherche im Internet – angetrieben von Sorge, Langeweile oder der Angst, etwas zu verpassen. Die Möglichkeit, praktisch jederzeit mit jedem oder jeder zu kommunizieren, verleitet uns dazu, emotionale Momente mit allzu vielen zu teilen. Wir enthüllen Informationen und bedauern es später.

Die Abhängigkeit von unseren elektronischen Geräten zerstört unsere Selbstkontrolle und schränkt die Fähigkeit ein, eigenständig zu denken. Die Internetseiten, auf denen wir unterwegs sind, spielen eine wesentliche Rolle bei der Entstehung unserer Gefühle. Die Geschichten, die wir lesen, die Nachrichten, die wir hören, die Videos, die wir sehen – sie alle beeinflussen unsere Stimmung und unser Denken. Unsere Meinungen und Ansichten werden geformt und wir nehmen es nicht einmal wahr.

Man bedenke auch, dass nicht nur die Welt sich weiterentwickelt hat, sondern auch unser Verständnis von emotionaler Intelligenz.

Als der Begriff das erste Mal fiel, hielten viele emotionale Intelligenz für etwas grundsätzlich Tugendhaftes. Ihre Verfechter behaupteten, es handle sich um die Universallösung für alle möglichen Probleme, vom Mobbing in der Schule bis zum mangelnden Engagement eines Mitarbeiters. Es ist jedoch deutlich geworden, dass, wie bei der traditionellen Intelligenz auch, dieses Werkzeug für ethische und weniger ethische Zwecke eingesetzt werden kann. So haben Forscher nachgewiesen, dass manche emotional hochintelligenten Menschen ihre Fähigkeiten dazu einsetzen, andere im höchsteigenen Interesse zu beeinflussen oder zu manipulieren.

Wer seine eigene emotionale Intelligenz entwickelt, kann solche Versuche leichter erkennen und ihnen begegnen. Wer mehr über Gefühle und ihre Funktionsweise weiß, kann sich selbst und die Gründe für persönliche Entscheidungen besser verstehen. Er oder sie wird in die Lage versetzt, Strategien zu entwickeln, um die eigenen emotionalen Reaktionen proaktiv zu beeinflussen. So vermeidet man es, Dinge zu sagen oder zu tun, die einem später leidtun, und man handelt rechtzeitig, wenn nötig. Schließlich lernt man, Gefühle zum Nutzen anderer einzusetzen; so entstehen tiefere und bedeutsamere Freundschaften.

Dies sind nur einige wenige Gründe, warum wir die emotionale Intelligenz heute in besonderem Maße brauchen.

Als Leitlinien zum Thema sollen uns die folgenden Fragen dienen:

- Wie werden aus den stärksten eigenen Gefühlen positive statt destruktive Kräfte?
- Inwiefern kann es die Selbstwahrnehmung stärken, wenn man die richtigen Fragen stellt und seinen Wortschatz der Gefühle erweitert?
- Warum ist es so schwierig, die Selbstbeherrschung zu wahren? Wie kann man seine Fähigkeiten in dieser Richtung verbessern?
- Wie kann Wissen über das Gehirn und seine Funktionen dazu beitragen, die eigenen emotionalen Gewohnheiten zu verändern?
- Wie kann ich größtmöglichen Nutzen aus Feedback ziehen, egal ob positiv oder negativ?
- Wie kann ich Feedback so geben, dass es anderen nützt?
- Wie kann mir Empathie helfen und wie kann sie mich verletzen?
- Wie kann ich überzeugender auftreten und andere positiv beeinflussen?
- Wie kann mir emotionale Intelligenz helfen, bessere, tiefere Beziehungen aufzubauen und zu pflegen?
- Wie kann ich mich vor Menschen schützen, die mich oder andere durch Überredung manipulieren oder uns Schaden zufügen wollen?

Mithilfe von Forschungsergebnissen und Geschichten aus dem wahren Leben möchte ich auf diese Fragen praktische Antworten geben. Ich werde auch von mir erzählen, wie emotionale Intelligenz mich gelehrt hat, Führungsaufgaben zu übernehmen und mich unterzuordnen. Ich werde erzählen, wie die Fähigkeit, die Gefühle anderer zu verstehen und sie auf der Gefühlsebene zu erreichen, mir geholfen hat, meine Frau für mich zu gewinnen, und wie sie mich zu einem besseren Ehemann und Vater gemacht hat. Aber ich werde auch auf die Gefahren hinweisen, die an diesem Weg liegen, und zeigen, warum die Arbeit zur Verbesserung des eigenen emotionalen Intelligenzquotienten – Ihres EQ – nur *ein* Schritt ist, um der bestmögliche Mensch zu werden.

Letztendlich ist es ganz einfach: Ich möchte Ihnen dabei helfen, dass Ihre Gefühle für Sie arbeiten und nicht gegen Sie.

Anmerkung des Verlags: Allein aus Gründen der besseren Lesbarkeit wird in diesem Buch auf die Verwendung geschlechterspezifischer Sprachformen verzichtet. Sämtliche Personenbezeichnungen gelten für alle Geschlechter.

Kapitel 1

Von der Theorie zur Praxis

Wie emotionale Intelligenz in der Realität aussieht

• • • • •

»Die Gefühle des Menschen werden schneller erregt als sein Verstand.«

Oscar Wilde

1997 kehrte Steve Jobs zu Apple zurück, zu jener Firma, die er mitbegründet hatte, und bewirkte dort eine bemerkenswerte Trendwende. Als CEO rettete er die Firma vor dem Bankrott und trug dazu bei, aus Apple die wertvollste Firma des Planeten zu machen.

Dieser Erfolg erscheint noch beeindruckender, wenn man bedenkt, dass Jobs zwölf Jahre zuvor aus der Firma geworfen wurde, die er mit aufgebaut hatte.

Jobs galt als brillant und faszinierend – aber auch als überheblich, ungeduldig und launisch. Schließlich stand es zwischen ihm und dem Apple-Vorstand so schlecht, dass er praktisch von jeder Verantwortung entbunden wurde und alle Macht verlor. Jobs, der sich hintergangen fühlte, verließ die Firma und gründete ein neues Unternehmen namens NeXT.

Etliche hochrangige Apple-Angestellte folgten ihrem Boss zu dieser neuen Firma. Damals war Jobs ein anmaßender 31-jähriger Multimillionär, der überzeugt war, dass er immer recht hatte. Warum also sollten so viele kluge, leistungsfähige Mitarbeiter ihre sichere Position aufgeben, um weiterhin mit ihm zusammenzuarbeiten?

Andy Cunningham gibt uns dazu einen Hinweis. Als Jobs PR-Agentin war sie bei der Markteinführung des Macintosh dabei und arbeitete auch bei NeXT und Pixar mit ihm zusammen. Ich habe mit Cunningham gesprochen, um herauszufinden, warum sie unbedingt bei ihrem berühmten Boss bleiben wollte.

„Ich habe fünf Jahre eng mit Steve zusammengearbeitet und es war phänomenal", erzählte Cunningham mir. „Was die Leute von außerhalb sehen – seine begeisternden Interviews und die brillanten Keynotes – das war es, was er verkörperte. Er konnte sehr barsch sein, aber es war eine Auszeichnung, mit ihm zu arbeiten. Für die großen Dinge im Leben muss man Opfer bringen, aber man bekommt doch etwas dafür. Steve berührte mich jeden Tag, ließ mich Staunen, Wut und Befriedigung gleichzeitig empfinden. Er hat mich viel weiter geführt, als ich mir jemals hätte träumen lassen."[1]

Wer einmal eine der berühmten Produktankündigungen von Jobs gesehen hat, weiß, wovon sie spricht. Jobs konnte eine emotionale Beziehung zu seinem Publikum herstellen. Die Kunden wollten Apple-Geräte, weil sie das *Gefühl* wollten, ein Apple-Gerät zu besitzen.

Die Kritiker argumentieren jedoch, Jobs habe sämtliche Erfolge erzielt, weil er *unfähig* war, gut mit Gefühlen umzugehen – ob mit den eigenen oder denen der anderen.

Besaß Steve Jobs also emotionale Intelligenz?

Ehe wir diese Frage beantworten können, müssen wir das Konzept der emotionalen Intelligenz im Grundsatz verstehen.

Definition der emotionalen Intelligenz

Als Daniel Goleman 1995 sein Buch E*motionale Intelligenz* veröffentlichte, war der Begriff praktisch unbekannt. In akademischen Kreisen war das Konzept neu – die Theorie zweier Psychologen, John D. Mayer und Peter Salovey, die davon ausging, dass Menschen nicht nur über eine große Bandbreite intellektueller Fähigkeiten verfügen, sondern auch über eine große Bandbreite emotionaler Kompetenzen, die ihr Denken und ihr Handeln beeinflussen.

Dies änderte sich grundlegend, als die Zeitschrift TIME aus der Idee am 2. Oktober 1995 eine Titelgeschichte machte. Herausfordernd stand dort zu lesen: „Wie hoch ist Ihr EQ?"

Emotionale Intelligenz stand anderthalb Jahre auf der Bestsellerliste der *New York Times* und wurde am Ende in 40 Sprachen übersetzt. Die *Harvard Business Review* beschrieb das Konzept als „revolutionär" und als „einen Paradigmenwechsel". Viele Menschen begannen, ihre Ansichten über Verstand und Gefühl neu zu überdenken.[2]

Auch wenn der Ausdruck „emotionale Intelligenz" damals neu war – das Konzept dahinter war es nicht.

Seit Jahrhunderten raten Staatsführer und Philosophen ihren Anhängern, sich Gedanken darüber zu machen, inwieweit Gefühle ihr Verhalten beeinflussen. Und in den frühen 1980er-Jahren theoretisierte der Psychologe Howard Gardner, Intelligenz bestehe keinesfalls nur aus *einer* allgemeinen Fähigkeit, sondern es gebe mehrere „Intelligenzen", mit denen der Einzelne sich hervortun könne – darunter die Fähigkeit, die eigenen Gefühle und ihre Auswirkungen auf das eigene Verhalten zu verstehen (intrapersonelle Intelligenz) sowie die Fähigkeit, das emotionale Verhalten anderer zu verstehen (interpersonale Intelligenz).[3]

Doch Goleman, Mayer, Salovey und andere haben uns geholfen, die Gefühle näher zu betrachten. Neue Studien und Forschungsvorhaben zur emotionalen Intelligenz führten zu neuen Einsichten.

Wie definieren wir also emotionale Intelligenz? Mayer und Salovey schrieben ursprünglich:

> *Emotionale Intelligenz ist die Fähigkeit, die eigenen Gefühle und die der anderen zu beobachten, sie zu unterscheiden und diese Information zur Leitlinie des eigenen Denkens und Handelns zu machen.*[4]

Man beachte, dass es bei der emotionalen Intelligenz per Definition um einen praktischen Nutzen geht. Es geht nicht nur um das Wissen über Gefühle und wie sie funktionieren, es geht um die Fähigkeit des Einzelnen, dieses Wissen anzuwenden, um das eigene Verhalten und die Beziehungen zu anderen mit einer bestimmten Zielsetzung zu handhaben.

Einfach ausgedrückt: Emotionale Intelligenz ist die Fähigkeit, Gefühle für sich arbeiten zu lassen, nicht gegen sich.

Wie sieht das in der Realität aus?

Stellen Sie sich vor, Sie sind in ein Gespräch verwickelt, das plötzlich von einer freundlichen Meinungsverschiedenheit in eine leidenschaftliche Debatte umschlägt. Ihnen wird klar, dass die Situation emotional aufgeladen ist, Sie wollen Ihre Gefühle „kontrollieren". Vielleicht verabschieden Sie sich sogar, um nichts zu sagen oder zu tun, das Sie später bedauern.

Oder Ihnen wird klar, dass Ihr Gesprächspartner irrational spricht und handelt, weil er aufgeregt ist, während Sie ruhig bleiben. Sie versuchen dann, die Situation zu entschärfen, indem Sie beispielsweise das Thema wechseln. Wenn es notwendig ist, weiter zu diskutieren, warten Sie damit vielleicht, bis Ihr Gegenüber ruhiger geworden ist, und überlegen sich genau, wie Sie das Thema am besten wieder zur Sprache bringen.

Bei diesen Beispielen geht es nicht darum, jedem Konflikt oder jeder leidenschaftlichen Diskussion auszuweichen. Vielmehr geht es darum, zu bemerken, wann die Dinge sich hochschaukeln, damit Sie nicht von der Entwicklung überrascht werden und auf eine Art und Weise reagieren, die Ihnen später leidtut. Zur emotionalen Intelligenz gehört es auch, die eigenen Gedanken und Gefühle aus der Perspektive der Zuhörer wahrzunehmen – die so nicht durch eine emotionale Reaktion daran gehindert werden, Ihre Meinung ernst zu nehmen, ehe Sie überhaupt Gehör gefunden haben.

Dabei stehen wir erst ganz am Anfang.

Emotionale Intelligenz bedeutet: Lassen Sie Ihre Gefühle für sich arbeiten, nicht gegen sich.

Die vier Grundfähigkeiten

Um das Konzept der emotionalen Intelligenz wirklich zu verstehen, ist es nützlich, eine Unterteilung in vier Grundfähigkeiten vorzunehmen.

Selbstwahrnehmung ist die Fähigkeit, die eigenen Gefühle zu bestimmen und ihre Auswirkungen zu verstehen. Es geht darum zu erkennen, wie Gefühle das eigene Denken und Handeln beeinflussen (und umgekehrt) und wie sie dazu beitragen können, ein bestimmtes Ziel zu erreichen – oder genau das zu verhindern.

Selbstwahrnehmung beinhaltet die Fähigkeit, emotionale Neigungen, Stärken und Schwächen zu erkennen.

Selbstmanagement ist die Fähigkeiten, Gefühle so zu handhaben, dass man eine bestimmte Aufgabe bewältigt, ein Ziel erreicht oder einen Nutzen erbringt. Dazu gehört die Fähigkeit zur Selbstkontrolle, also die Fähigkeit, die eigenen emotionalen Reaktionen zu kontrollieren.

Weil zu den Emotionen natürliche, instinktive Gefühle gehören und weil sie von der individuellen Chemie des Gehirns beeinflusst werden, hat man sie nicht immer unter Kontrolle. Aber man kann kontrollieren, wie man reagiert (oder nicht reagiert), wenn man bestimmte Gefühle empfindet. Selbstkontrolle kann daher die Wahrscheinlichkeit verringern, dass man etwas sagt oder tut, das man später bereut.

Mit der Zeit kann Selbstmanagement sogar dazu beitragen, die eigenen emotionalen Neigungen proaktiv zu formen.

Fremdwahrnehmung ist die Fähigkeit, Gefühle anderer präzise wahrzunehmen und zu verstehen, wie diese Gefühle ihr Verhalten beeinflussen.

Fremdwahrnehmung beruht auf Empathie, also auf dem Vermögen, Dinge aus der Perspektive anderer Menschen zu sehen und zu fühlen. Empathie hält einen auf dem Laufenden über die Bedürfnisse der anderen und versetzt einen in die Lage, sie besser zu befriedigen, was wiederum den eigenen Wert erhöht. Fremdwahrnehmung vermittelt Ihnen ein möglichst vollständiges Bild anderer

Personen und hilft Ihnen zu verstehen, welche Rolle Gefühle in den eigenen Beziehungen spielen.

Beziehungsmanagement ist die Fähigkeit, die Beziehungen zu anderen Menschen bestmöglich zu gestalten.

Dazu gehört die Fähigkeit, durch die eigene Kommunikation und das eigene Verhalten Einfluss auszuüben. Anstatt andere zu zwingen, kommen Verständnis und Überzeugungskraft zum Einsatz, damit Ihr Gegenüber aus eigenem Antrieb handelt.

Zum Beziehungsmanagement gehört auch, anderen emotional von Nutzen zu sein. Dann wächst allmählich das Vertrauen und die Bindung wird stärker.

Die vier Grundfähigkeiten sind eng miteinander verbunden und ergänzen sich. Aber sie sind nicht unbedingt *abhängig* voneinander. Es ist ganz natürlich, dass man in mancher Hinsicht stark ist und in anderer seine Schwächen hat. Vielleicht sind Sie gut darin, die eigenen Gefühle zu erkennen, aber es gelingt Ihnen nicht besonders gut, diese Gefühle zu handhaben. Wer an seiner emotionalen Intelligenz arbeiten möchte, muss persönliche Neigungen erkennen und in einem zweiten Schritt Strategien entwickeln, um Stärken zu fördern und Schwächen zu verringern.

Man denke an das Beziehungsmanagement: Wer die Gefühle anderer vorwegnehmen und verstehen kann, wird nicht ohne Not Anstoß erregen. Die Beliebtheit steigt, man wird für andere attraktiv. Aber die gleiche Eigenschaft wird zur Schwäche, wenn sie einen daran hindert, Kritik zu üben (die durchaus hilfreich sein kann) – aus Angst, den anderen zu verletzen.

Hohe soziale Kompetenz ist daher besonders effektiv, wenn sie in Verbindung mit den anderen drei Grundfähigkeiten auftritt. So trägt die Selbstwahrnehmung dazu bei, herauszufinden, wann die Wahrnehmung der Gefühle anderer einen hindert, etwas Hilfreiches zu tun. Zum Selbstmanagement gehört die Vorbereitung auf entsprechende Situationen und die Etablierung von Gewohnheiten, die einen zum Handeln veranlassen. Schließlich hilft die Fähigkeit des Beziehungsmanagements einem zu sagen, was immer gesagt werden muss, und das auf eine Art und Weise, die zum Ziel führt, den eigenen Einfluss vergrößert, niemanden verletzt und Vertrauen fördert.

Beim Weiterlesen erfahren Sie mehr über die vier Grundfähigkeiten der emotionalen Intelligenz und darüber, was das alles mit Ihnen zu tun hat.

Was ist EQ? Lässt sie sich messen?

Trotz der Vorliebe mancher Wissenschaftler, emotionale Intelligenz in Studien und Fachzeitschriften mit EI abzukürzen, hat sich EQ (kurz für „emotionaler Intelligenzquotient") international durchgesetzt.

Dies macht Sinn, wenn man bedenkt, wie wir IQ gesprächsweise verwenden. So sprechen wir im Sport beispielsweise von einem hohen Basketball- oder Fußball-IQ, soll heißen, die Betreffenden verstehen sich auf Regeln und Strategie des Spiels. Die genannte Fähigkeit wird nicht wirklich gemessen, aber man weiß, was gemeint ist.

Wenn wir über den EQ einer Person sprechen, meinen wir in ganz ähnlicher Weise ihre Fähigkeit, Gefühle zu verstehen. Dabei ist der Wert dieses Wissens begrenzt, wenn wir es nicht nutzen.

Mit anderen Worten: Wirkliche emotionale Intelligenz ist emotionale Intelligenz in der Praxis.

Es gibt verschiedene Verfahren, die es ermöglichen sollen, emotionale Intelligenz zu messen. Doch solche Tests sind von begrenztem Wert: Vielleicht vermitteln sie einen gewissen Eindruck, was eine bestimmte Person über Gefühle und das von ihnen bestimmte Verhalten weiß, aber sie können niemals die Fähigkeit bewerten, dieses Wissen in Alltagssituationen anzuwenden.

Anstatt die emotionale Intelligenz zu messen, erscheint es produktiver, sich auf die Entwicklung eines dynamischen Selbstbilds zu konzentrieren.

Die Vorstellung eines dynamischen Selbstbilds hat in den letzten Jahren an Popularität gewonnen, teils durch die Arbeiten der Stanford-Psychologin Carol Dweck. In ihrem Buch *Selbstbild* vertritt sie die Ansicht, dass Menschen, die glauben, ihre Begabungen ließen sich entwickeln – und zwar durch harte Arbeit, die richtigen Strategien und Input von anderen (dynamisches Selbstbild) – in der

Regel mehr erreichen als diejenigen, die ihre Begabungen für angeboren halten und ihnen ein begrenztes Entwicklungspotenzial zuschreiben (statisches Selbstbild).[5] In Kapitel 3 geht es um den Zusammenhang von dynamischem Selbstbild und emotionaler Intelligenz im Einzelnen.

Stellen Sie sich zunächst die Frage: In welcher Situation bemerke ich, dass meine Gefühle gegen mich arbeiten?

Zum Beispiel:

- Aus Verärgerung haben Sie etwas gesagt oder getan, das Sie später bedauern.
- Sie haben einer Bitte nachgegeben, weil Sie gute Laune hatten, stellen später jedoch fest, dass das keine gute Idee war.
- Sie haben die Gefühlslage Ihres Gegenübers nicht verstanden. Daraus sind Ängste entstanden oder die Kommunikation wurde abgebrochen.
- Sie sahen sich nicht in der Lage, einen Konflikt zu lösen.
- Sie haben sich wegen unbegründeter Angst oder Sorge eine großartige Chance entgehen lassen.

Wenn Sie verschiedene Bereiche identifiziert haben, folgt Schritt zwei: Bitten Sie jemanden, dem Sie vertrauen, um Feedback. Das kann Ihr Ehepartner sein oder ein anderes Familienmitglied, ein guter Freund, ein Mentor. Erklären Sie, dass Sie an sich arbeiten wollen und eine ehrliche Antwort brauchen: In welchen Situationen hattest du den Eindruck, dass meine Gefühle gegen mich arbeiten? Die Person sollte genug Zeit haben, über die Antwort nachzudenken, dann diskutieren Sie das Gesagte.

Diese Vorgehensweise ist sinnvoll, weil Ihre Sicht der Dinge zum größten Teil unbewusst entsteht und von unzähligen Faktoren beeinflusst wird, beispielsweise:

- Wo Sie aufgewachsen sind
- Wie Sie erzogen wurden
- Mit wem Sie Umgang haben
- Worüber Sie gern nachdenken

Bei einem solchen Gespräch geht es nicht darum, ob Ihr Gegenüber Sie richtig oder falsch sieht. Vielmehr wollen Sie herausfinden, inwieweit Sie von Ihrem Gegenüber anders gesehen werden, als Sie sich selbst sehen. Und was das eigentlich bedeutet. Wenn Sie sich mit dieser Frage wirklich auseinandersetzen, zusammen mit dem ehrlichen Feedback, das Sie erhalten, stärkt das Ihre Selbstwahrnehmung. Sie erkennen Schwächen, die bearbeitet werden sollten.

Das übergeordnete Ziel

Zurück zu unserer Eingangsfrage: War Steve Jobs also emotional intelligent?

Ganz sicher hat er einen Weg gefunden, viele seiner Mitarbeiter zu motivieren und zu inspirieren – außerdem Millionen Kunden weltweit, über Kultur- und Sprachgrenzen hinweg. Das deutet auf eine besonders gute Fremdwahrnehmung hin, und auf die Fähigkeit, andere zu beeinflussen, ein wesentlicher Faktor beim Beziehungsmanagement.

Aber wie steht es mit Jobs' Art und Weise der Kommunikation, die viele verärgert und frustriert hat? Er war bekannt für heftige emotionale Stimmungsumschwünge und galt als arrogant und narzisstisch. Sein Verhalten verletzte viele – auch seine Familie und andere Menschen, die ihm nahestanden. Jobs selbst schob das auf mangelnde Selbstkontrolle. Auf die Frage seines Biographen Walter Isaacson, warum er manchmal so gemein sei, antwortete er: „So bin ich nun mal. Ich kann doch nur ich selbst sein."

Aber Isaacson, der im Lauf von zwei Jahren viel Zeit mit Jobs verbracht hatte und mit über hundert Freunden, Verwandten, Mitbewerbern und Kollegen des Unternehmers sprach, sah das anders.

„Wenn er Menschen wehtat, lag das nicht an mangelnder Fremdwahrnehmung ", schreibt Isaacson. „Ganz im Gegenteil: Er konnte Menschen einschätzen, ihre Denkweise verstehen und eine Beziehung zu ihnen herstellen, ihnen schmeicheln oder sie verletzen – ganz wie er wollte."[6]

Würde Jobs es das nächste Mal anders machen, wenn er die Chance erhielte? Unmöglich, das zu sagen. Aber seine Geschichte ist uns eine Lehre: Emotionale Intelligenz kann in ganz unterschiedlicher Weise zum Ausdruck kommen. Es geht nicht nur darum, *welche* Fähigkeiten Sie entwickeln wollen, Sie müssen sich auch entscheiden, *wie* Sie diese Fähigkeit einsetzen wollen.

Genau wie im üblichen Sinn intelligente Menschen verschiedene Persönlichkeiten haben, verhält es sich auch bei Menschen mit hoher emotionaler Intelligenz. Ob Sie direkt oder unaufdringlich sind, extrovertiert oder introvertiert, von Natur aus empathisch oder nicht – all dies bestimmt Ihren EQ nicht.

Emotionale Klugheit entwickeln bedeutet, natürliche Fähigkeiten, Neigungen, Stärken und Schwächen erkennen. Es bedeutet, diese Charakterzüge zu verstehen, zu handhaben und zu maximieren, damit Sie merken, wie Ihre Gefühle Ihre Gedanken, Worte und Handlungsweisen beeinflussen (und umgekehrt). Und welche Wirkung diese Worte und Handlungsweisen auf andere haben.

Mir geht es nicht bloß darum, Ihren EQ zu erhöhen, sondern ich möchte Sie mit Strategien versorgen, Ihren EQ für sich arbeiten zu lassen – um Ziele zu erreichen, Ihre Persönlichkeit dauerhaft weiterzuentwickeln und Ihr Wissen so einzusetzen, dass Sie und andere stolz darauf sind.

Das ist EQ in der Praxis: Lassen Sie Ihre Gefühle für sich arbeiten anstatt gegen sich.

Kapitel 2

Unter Kontrolle

Emotionale Fähigkeiten trainieren und vervollkommnen

• • • • •

»Gefühle sind Sklaven deiner Gedanken, und du bist der Sklave deiner Gefühle.«

Elizabeth Gilbert

Am 15. Januar 2009 machte sich US-Airways-Flug 1549 auf den Weg von New York City nach Charlotte in North Carolina. Für Kapitän Chesley B. „Sully" Sullenberger III war es einfach nur ein weiterer Routineflug, einer von Tausenden in seiner langjährigen Berufslaufbahn.

Doch unmittelbar bevor das Flugzeug auf 3000 Fuß stieg, bemerkten Sullenberger und sein erster Offizier Jeff Skiles einen Schwarm Gänse, die direkt auf sie zuflogen. In weniger als einer Sekunde kollidierten die Vögel mit dem Flugzeug und beschädigten beide Triebwerke schwer.

„Als die Vögel auf das Flugzeug trafen, war es wie schwerer Regen oder Hagel", sagt Sullenberger. „Es hörte sich an wie das schlimmste Gewitter, das ich je erlebt hatte … Als mir klar wurde, dass die Triebwerke ausgefallen waren, wusste ich, dass ich vor der größten Herausforderung meines Lebens stand. Es war das übelste Gefühl, das ich je erlebt hatte, tief im Magen, so als würde mir der Boden unter den Füßen weggezogen."

Sullenberger schossen alle möglichen Gedanken durch den Kopf. Zwei waren von Unglauben geprägt: *Das hier geschieht nicht wirklich. Das passiert doch nicht mir.*

Diese Gedanken waren begleitet von einem Adrenalinrausch, wie es der Pilot nennt, und einem Anstieg des Blutdrucks. In den nächsten Minuten würden er und Skiles schnelle Entscheidungen treffen müssen. Zahllose Faktoren mussten gegeneinander abgewogen werden, für eine Besprechung oder Berechnung fehlte die Zeit. Notfallmaßnahmen, die auf Minuten berechnet waren, mussten in Sekunden durchgeführt werden.

Sullenberger konnte auf langjährige Erfahrung zurückblicken. Er beschloss, seine beste Chance, die 155 Menschen an Bord zu retten, bestand darin, etwas zu tun, das er noch nie getan hatte. Kaum ein Pilot war darin ausgebildet. Sullenberger würde versuchen, auf dem Hudson River zu landen.

Gegen alle Wahrscheinlichkeit landete Sullenberger nur 208 Sekunden nach der Kollision mit den Vögeln beherzt und sicher auf dem Fluss, unmittelbar in der Nähe des Zentrums von Manhattan. Und dank der gemeinsamen Anstrengungen von Kapitän, erstem Offizier, Flugüberwachung, Flugbegleitern und Dutzenden Ersthelfern überlebten alle 155 Passagiere und die Besatzung. Das Ereignis wurde bekannt als das „Wunder vom Hudson".

Rückblickend erinnert sich Sullenberger an seine Gefühle, als wäre es gestern gewesen.

„Ich nahm meinen Körper wahr", erklärt er. „Ich konnte den Adrenalinschub spüren. Mein Blutdruck und mein Puls schossen in die Höhe. Aber ich wusste auch, ich musste mich auf die anstehenden Aufgaben konzentrieren und mich nicht von körperlichen Reaktionen ablenken lassen."[7]

Für Millionen Menschen auf der Welt war das, was Sullenberger an jenem Wintertag vollbrachte, schlicht übermenschlich, eine geradezu unglaubliche Heldentat. Wie gelang es dem Kapitän zusammen mit seinem ersten Offizier und dem Offizier in der Flugleitstelle, seine Gefühle unter Kontrolle zu bekommen und das Wunder möglich zu machen?

Die Antwort findet man nicht in diesen erstaunlichen Momenten, sondern in den Jahren des Trainings, der Übung und der Erfahrung, die vorausgingen.

Jahrelange Vorbereitung

Dass es Sullenberger gelang, die Herausforderung jener unglaublichen Sekunden erfolgreich zu bewältigen, war kein Zufall. Bereits der kurze Blick auf seine eigene zusammenfassende Darstellung gibt einen Hinweis auf die Fähigkeiten, über die er mit den Jahren verfügte: Als Air-Force-Pilot war er Düsenjäger geflogen, dann hatte er fast 30 Jahre lang Passagierflugzeuge gesteuert, er hatte Unfälle untersucht und Besatzungen von Flugzeugen im Umgang mit Krisensituationen ausgebildet.

„Ich glaube, auf eine Art war mein gesamtes Leben bis zu jenem Moment wie eine Vorbereitung auf das, was dann auf mich zukam", sagte Sullenberger zu der Journalistin Katie Couric in einem Interview.[8]

Das Wunder vom Hudson illustriert die ersten beiden Fähigkeiten, um die es bei der emotionalen Intelligenz geht: Selbstwahrnehmung und Selbstmanagement. In jenem nervenaufreibenden Moment stellte Sullenberger seine bemerkenswerte Selbstwahrnehmung unter Beweis, nämlich die Fähigkeit, die emotionalen und physischen Reaktionen seines Körpers wahrzunehmen und zu verstehen. Darüber hinaus bewies er erstaunliche Selbstkontrolle (eine wesentliche Facette des Selbstmanagements), als er der Situation seinen Willen aufzwang.

Couric fragte Sullenberger, ob es ihm schwer gefallen sei, das zu tun: eine starke körperliche Reaktionen zu unterdrücken und ruhig zu bleiben. Sullenbergers Antwort klingt durchaus überraschend: „Nein, ich musste mich nur ein bisschen konzentrieren."

Gut möglich, dass Sie niemals in eine vergleichbare Situation geraten, aber auch Ihnen *werden* entscheidende Situationen begegnen. Ihre Fähigkeiten der Selbstwahrnehmung und des Selbstmanagements werden die Entscheidungen, die Sie in diesen Momenten treffen, beeinflussen. Was können Sie also tun, um diese Fähigkeiten zu entwickeln?

Alles beginnt mit einer guten Vorbereitung.

Das ist der Sinn dieses Kapitels: Ich möchte Sie mit den Werkzeugen und Methoden vertraut machen, die Ihnen helfen, Selbstwahrnehmung zu entwickeln und Selbstkontrolle zu üben. Wenn Sie die richtigen Fragen stellen und Ihren emotionalen Wortschatz erweitern, kann Ihnen das helfen, mehr über sich zu lernen. Ich werde Ihnen zeigen, wie Sie dieses Wissen zu Ihrem Vorteil nutzen können. Dann werde ich erklären, wie wichtig es ist, sich in emotionalen Momenten auf die eigenen Gedanken zu konzentrieren, und ich werde Ihnen eine praktische Mnemotechnik beibringen, die Sie dabei unterstützt.

Hinterfragen und nachdenken

Emotionale Intelligenz beginnt mit Selbstwahrnehmung. Häufig gehen wir durchs Leben und reagieren nur. Wir nehmen uns nicht die Zeit, darüber nachzudenken, wie oder warum wir uns in einer bestimmten Weise verhalten. Das schränkt die Kontrolle, die wir über unser Handeln und unsere Neigungen haben, ein.

Um unsere Selbstwahrnehmung zu entwickeln, sollten wir (uns und anderen) die richtigen Fragen stellen. Das erweitert den Horizont und macht es möglich, sich mit den Augen der anderen zu sehen. Gleichzeitig lernt man ihr Denken und ihre Gefühle kennen.

Wie bereits erwähnt, lernt man viel über sich selbst, indem man der einfachen Frage nachgeht: In welchen Situationen arbeiten meine Gefühle gegen mich? Hier sind einige der möglichen Fragen:

- Wie würde ich meinen Kommunikationsstil beschreiben? Bin ich direkt? Aufdringlich? Klar? Mehrdeutig? Feinsinnig? Taktvoll? Wie würden andere meinen Gesprächsstil beschreiben?
- Wie wirkt mein Kommunikationsstil auf andere?
- Wie treffe ich Entscheidungen? Eher schnell oder eher langsam? Welche Faktoren beeinflussen mich?
- Wie beeinflusst meine aktuelle Stimmung meine Gedanken und meine Entscheidungen?
- Wie groß sind mein Selbstwertgefühl und mein Selbstbewusstsein? Wie wirkt sich das auf die Entscheidungen aus, die ich treffe?

- Wo liegen meine emotionalen Stärken? Wo meine emotionalen Schwächen?
- Bin ich offen für die Meinungen anderer? Oder lasse ich mich zu leicht von anderen beeinflussen?
- Sollte ich mehr oder weniger skeptisch sein? Warum?
- Neige ich dazu, andere einseitig zu sehen, mich auf ihre positiven oder negativen Charakterzüge zu konzentrieren?
- Welche Persönlichkeitsmerkmale anderer Menschen stören mich? Warum?
- Räume ich anderen einen Vertrauensbonus ein? Warum? Oder warum nicht?
- Fällt es mir schwer, einzugestehen, dass ich falsch liege? Warum? Oder warum nicht?

Dies ist nur eine kleine Fragenauswahl. Sie müssen nicht alle auf einmal umfassend beantworten. Vielmehr geht es darum, eine grundsätzliche Lernbereitschaft zu erwerben. Wenn Sie sich mit diesen Fragen auseinandersetzen, werden Sie in der Folge weitere Fragen stellen, die wiederum dazu führen, dass Sie mehr über sich und Ihre Gefühle lernen.

Nehmen Sie sich diese Woche ein wenig Zeit, einige der oben genannten Fragen gründlich zu beantworten. Denken Sie dabei wirklich nach und hinterfragen Sie, was Sie bereits zu wissen meinen. Nehmen Sie sich für jede Frage mindestens fünf Minuten Zeit. (Es hilft, die Antworten aufzuschreiben.) Versuchen Sie, weitere Fragen zu finden, die Sie im Hinblick auf Ihre Gefühle stellen möchten. Wenn Sie dann das nächste Mal eine starke emotionale Reaktion erleben, fragen Sie sich, warum Sie so reagiert haben und was Sie aus dieser Erfahrung lernen können.

Setzen Sie Ihren Wortschatz der Gefühle ein

Eines Tages wachen Sie mit heftigen Schmerzen auf, die Sie noch nie empfunden haben. Also gehen Sie zum Arzt. Gleich am Anfang des Gesprächs werden Sie gebeten, den Schmerz zu beschreiben. Je nach Ihrer bisherigen Erfahrung verwenden Sie Wörter wie: scharf, dumpf, brennend, stechend, reißend, krampfartig, nagend, schwer, betäubend, emporschießend, Übelkeit erregend, pulsierend, sanft. Je genauer Sie den Schmerz beschreiben können, desto leichter wird es für den Arzt, das Problem zu diagnostizieren und die richtige Behandlung zu verordnen.

Ganz genauso verhält es sich mit Ihren Emotionen: Wenn Sie Ihre Gefühle präzise beschreiben, fällt die Diagnose leichter. Sie verstehen, woher sie kommen und warum. Die richtigen Wörter können Ihnen helfen, die Ursache für Ihre Gefühle zu erkennen. Dadurch werden Sie in die Lage versetzt, so zu kommunizieren, dass andere Sie verstehen.

Ein Beispiel: Sagen wir, Sie kommen nach einem langen Arbeitstag nach Hause und geraten in einen Streit mit Ihrer besseren Hälfte. Sie werden gefragt, warum Sie so schlechte Laune haben – Sie sind sich nicht sicher. Sie könnten sagen, dass Sie wütend oder verstimmt sind, aber Sie denken einen Moment darüber nach und beschreiben sich dann als verletzt. Der Grund? Eine Bemerkung Ihres Partners am frühen Morgen. Als es passierte, haben Sie nichts gesagt, weil Sie dachten, es wäre nicht so wichtig. Jetzt wird Ihnen jedoch klar, dass der Stachel tiefer sitzt als gedacht. Ein ehrliches Gespräch kann Ihrem Partner helfen, zu verstehen, wie tief die Bemerkung Sie getroffen hat, und Ihre Gefühle besser einzuschätzen.

Das nächste Mal, wenn Sie eine starke emotionale Reaktion erleben, nehmen Sie sich Zeit darüber nachzudenken, nicht nur, was Sie fühlen, sondern auch warum. Versuchen Sie, Ihre Gefühle in Worte zu fassen – je genauer, desto besser. Dann erst entscheiden Sie, was Sie tun wollen.

Bringen Sie Ihre Gedanken unter Kontrolle

Unsere Gefühle haben enorme Auswirkungen auf unser Verhalten. Deshalb ist Selbstmanagement so wichtig: Wir lernen, mit unseren Gefühlen umzugehen und unsere Reaktionen zu kontrollieren.

Wenn Sie Ihre Impulse besser unter Kontrolle haben, können Sie Ihr Verhalten besser mit Ihren Werthaltungen in Einklang bringen. So entwickeln Sie Qualitäten wie Entschiedenheit und Durchhaltevermögen, die Sie in die Lage versetzen, Ihre Ziele deutlich effektiver zu erreichen. Beim Selbstmanagement geht es nicht nur darum, bedauerliche Handlungsweisen zu vermeiden, sondern auch darum, einen Weg zu finden, wie man sich zum Eingreifen und Handeln bewegt – und zwar in Situationen, in denen genau das nicht leicht fällt.

Wie entwickeln wir also die Kontrolle, die wir brauchen, damit unsere Gefühle für uns arbeiten und nicht gegen uns?

Weil wir die meisten Gefühle praktisch instinktiv erleben, haben wir sie nicht in jedem Moment unter Kontrolle. Aber wir können kontrollieren, wie wir auf diese Gefühle *reagieren* – indem wir darüber nachdenken.

Das heißt nicht, dass wir bestimmte, unerwünschte Gedanken ausblenden könnten. Wir alle haben schon Dinge gedacht, auf die wir nicht besonders stolz sind, und es gibt Faktoren jenseits unserer Kontrolle, die uns stark beeinflussen, etwa unsere genetische Veranlagung und die Umgebung, in der wir groß geworden sind.

Aber wie heißt es so schön: Sie können nicht unbedingt verhindern, dass ein Vogel auf Ihrem Kopf landet, aber Sie können ihn daran hindern, sich dort ein Nest zu bauen.

Selbstwahrnehmung und Selbstmanagement gehen Hand in Hand. Sobald Sie eine gewisse Selbstwahrnehmung entwickelt haben, werden Sie bemerken, wenn Ihre Gefühle anfangen, verrückt zu spielen. Ihre Fähigkeit, in solchen Situationen Ihre Gedanken zu sammeln, lässt sich mit der Steuerung eines Mediaplayers vergleichen. Genau wie dessen Steuerknöpfe Ihnen dabei helfen, einen Film zu schauen oder Musik zu hören, sind die folgenden Methoden nützlich, um emotionale Reaktionen in den Griff zu bekommen:

1. Pause

Die Pausetaste ist das wichtigste emotionale Werkzeug in Ihrem Werkzeugkasten. Um Pause zu machen, müssen Sie sich Zeit zum Innehalten und Nachdenken nehmen, ehe Sie sprechen oder handeln. So verhindern Sie, dass Sie etwas sagen oder tun, was Sie später bedauern.

Aber die Pausetaste ist nicht nur effektiv, wenn es um Situationen geht, die Sie aus der Fassung bringen. Oft geraten wir in Versuchung, eine Gelegenheit zu nutzen, die im ersten Moment richtig gut aussieht, ohne dass wir wirklich darüber nachgedacht haben.

Ist Ihnen schon einmal aufgefallen, dass Sie beim Einkaufen dazu neigen, zu viel Geld auszugeben, wenn Sie sich gerade gut fühlen (oder auch wenn Sie sich schlecht fühlen)? Verwenden Sie die Pausetaste, um herauszufinden, ob Sie gerade stimmungsabhängig handeln, und entscheiden Sie, ob Sie den Kauf wirklich tätigen wollen oder ob Sie sich vielleicht später darüber ärgern.

Es gibt verschiedene Möglichkeiten, die Pausetaste zu nutzen. Wenn Sie aufgeregt sind, kann es hilfreich sein, im Stillen von eins bis zehn zu zählen. Bei anderen Gelegenheiten müssen Sie vielleicht einen Moment den Raum verlassen.

Eine Pause machen – das klingt theoretisch einfach, kann aber in der Praxis schwierig sein. Selbst wenn Sie über gutes Selbstmanagement verfügen, können Faktoren wie zusätzlicher Stress an einem schlechten Tag verhindern, dass Sie eine Pause einlegen. Darum sollten Sie regelmäßig trainieren. Mit der Zeit entwickelt sich daraus die Gewohnheit einer nachdenklichen Reaktion.

Wenn Sie bemerken, dass Sie auf eine Situation sehr gefühlsbetont reagieren, legen Sie eine Pause ein. Wenn möglich, unternehmen Sie einen kurzen Spaziergang. Sobald Sie sich beruhigt haben, kommen Sie zurück und beschließen, wie es weitergeht.

2. Lautstärke

Wenn Sie mit einem anderen Menschen sprechen, reagiert Ihr Gesprächspartner häufig im gleichen Ton wie Sie. Sprechen Sie selbst mit ruhiger Stimme, fällt die Reaktion genauso aus. Brüllen oder schreien Sie, wird auch Ihr Gegenüber laut.

In diesem Moment kommt der Lautstärkeregler zum Tragen: Wenn Sie wissen, dass Sie ein emotional schwieriges Gespräch führen müssen, sprechen Sie am besten möglichst ruhig.

Falls die Diskussion eskaliert, bemühen Sie sich, sie „herunterzuschrauben“, indem Sie Ihren Ton mäßigen oder die Stimme senken. Sie werden überrascht feststellen, dass Ihr Partner sich anpasst.

3. Stummschaltung

Wenn das Gespräch mit einer anderen Person allzu emotional wird und wenn Sie nicht die Möglichkeit haben, das Gespräch abzubrechen, müssen Sie vielleicht auf die Stummschaltung drücken. Mit anderen Worten: Hören Sie auf, zu sprechen.

Diese Methode ist nützlich, weil es in diesem Moment zu nichts führen würde, wenn Sie dem anderen Ihren Standpunkt erläutern. Meist macht es die Lage nur noch schlimmer. Wenn Sie die Stummtaste drücken, kann der andere seine Gefühle ohne weitere Unterbrechung loswerden.

Natürlich ist es nicht einfach, dazusitzen und sich die Schimpftirade einer anderen Person anzuhören. Was machen Sie in diesem Moment mit Ihren eigenen Gefühlen?

Atmen Sie tief durch und denken Sie daran, dass Ihre Verfassung und die Ihres Gesprächspartners vorübergehend sind. Vieles von dem, was Sie zu hören bekommen, ist extrem oder übertrieben. Widerstehen Sie der Versuchung, es Ihrem Gegenüber mit gleicher Münze heimzuzahlen.

In vielen Fällen wird sich Ihr Gesprächspartner beruhigen, sobald er Dampf abgelassen hat. Sie bleiben stumm und drücken auf …

4. Aufnehmen

Aufnehmen ist konzentriertes Zuhören in der Absicht, mehr über die Einstellungen des anderen zu erfahren. Mit anderen Worten: Hören Sie nicht zu, in der Absicht zu antworten, sondern hören Sie zu, um zu verstehen.

Sie stellen sich auf die andere Person ein, widerstehen jedoch dem Bedürfnis, zu urteilen, zu raten oder auch nur Probleme oder Lösungen zu ermitteln.

Stattdessen sammeln Sie Informationen. Ihr Ziel ist es, Einsichten zu gewinnen: Sie wollen wissen, wie die andere Person Sie sieht, wie sie sich selbst sieht und wie sie die Situation sieht. Durch aufmerksames Zuhören erkennen Sie vielleicht Lücken in Ihrem Wissensstand oder Ihrer Wahrnehmung, oder Sie bemerken ein grundlegendes Missverständnis, von dem Sie nichts wussten.

5. Zurückspulen

Emotional aufgeladene Diskussionen beruhen häufig auf besonders hartnäckigen Problemen. Wenn man sie nicht aus der Welt schafft, werden sie immer wieder auftauchen. Deswegen sollten Sie weder die Pausetaste noch die Stummschaltung drücken in der Absicht, das Ganze einfach zu vergessen.

Stattdessen spulen Sie später zum Anfang zurück, um noch einmal über die Angelegenheit nachzudenken, sobald sich alle wieder beruhigt haben.

Bevor Sie auf ein heikles Thema zurückkommen, machen Sie sich Gedanken darüber, wo und wann Sie das tun – immer mit dem Ziel einer ruhigen und sachlichen Diskussion vor Augen.

Außerdem ist es wichtig, zu überlegen, in welcher Form Sie das Thema wieder zur Sprache bringen. Beginnen Sie mit einer Entschuldigung, einem kurzen Dank oder indem Sie zustimmend erklären, wo Sie und Ihr Gesprächspartner einer Meinung sind? Wählen Sie, was auch immer dazu führt, dass die andere Person sich öffnet für das, was Sie zu sagen haben.

6. Schneller Vorlauf

Zum Ende vorspulen, kann einen Film ruinieren, aber wenn es um Gefühle geht, kann der schnelle Vorlauf hilfreich sein. Treten Sie in einer emotional aufgeladenen Situation einen Schritt zurück und überdenken Sie die Konsequenzen Ihres Handelns – auf kurze und auf lange Sicht.

Nehmen wir zum Beispiel den Fall eines Kollegen, der sich seit Jahren um Sie bemüht, obwohl Sie deutlich gemacht haben, dass Sie in einer festen Beziehung leben und nicht an einer Affäre interessiert sind. Doch eines Tages, nach einem großen Streit mit Ihrem Partner, stellen Sie fest, dass sich das geändert hat. Seine Avancen sind plötzlich schmeichelhaft – und verführerisch.

Höchste Zeit für einen schnellen Vorlauf. Vergessen Sie, wie es Ihnen im Moment geht. Fragen Sie sich: Wie würde es Ihnen mit dieser Entscheidung in einem Monat gehen? In einem Jahr? Oder in fünf Jahren? Denken Sie über die Auswirkungen Ihres Handelns auf Ihren Ehepartner nach, auf Ihre Familienangehörigen, auf Ihr Gewissen und sogar auf Ihre Arbeit.

Wenn Gefühle Ihr Urteilsvermögen beeinträchtigen, nehmen Sie sich Zeit zum Vorspulen. Das kann Ihnen helfen, Klarheit zu gewinnen und solide Entscheidungen zu treffen, auf die Sie stolz sein können.

7. Trailer (Vorschau)

Die Vorschau ist nützlich, wenn es darum geht, sich zu motivieren oder eine Angelegenheit nicht zu verschleppen. Vielleicht möchten Sie nicht 90 Minuten darauf verwenden, einen Film zu sehen, über den Sie nichts wissen. Aber die entsprechende Vorschau kommt Ihnen gerade recht. Und ein fünfminütiger Trailer (oder eine Vorschau) der neuen Aufgabe kann Sie davon überzeugen, dass es sich lohnt, die Sache zu Ende zu bringen.

Der „Trailer" ist ein anderer Name für einen alten Trick aus der Verhaltenstherapie, der als „Fünf-Minuten-Regel" bekannt ist. Und der funktioniert so: Zwingen Sie sich, lediglich fünf Minuten an einer bestimmten Aufgabe zu arbeiten, in dem Bewusstsein, dass Sie nach fünf Minuten aufhören können, wenn Sie wollen. Natürlich werden Sie in den meisten Fällen weitermachen. Der Trailer funktioniert, weil bei einer unübersichtlichen Aufgabe der Anfang häufig das Schlimmste ist.

Psychologin Andrea Bonior erklärt: „Wir haben Angst vor der großen, amorphen Masse einer Aufgabe, einfach weil sie so groß und schlecht umrissen *ist* und weil wir uns Sorgen machen, dass es zwei Stunden oder zwei Tage dauern könnte, sie in den Griff zu bekommen."[9] Doch sobald Sie die psychologische Hürde des Anfangs überwunden haben, beginnen Ihre Energien zu fließen, Ihr Schwung kehrt zurück – und vermutlich werden Sie sich der neuen Aufgabe zuwenden und weitermachen.

Wenn Sie Schwierigkeiten haben, sich für eine neue Aufgabe zu motivieren, geben Sie sich fünf Minuten „Probezeit".

Der Drei-Sekunden-Trick zur Rettung von Beziehungen

Wir haben bereits gesehen, wie Sie Ihre Selbstwahrnehmung verbessern können, indem Sie die richtigen Fragen stellen, und wie das Drücken der Pausetaste zu klügeren Entscheidungen führen kann. Jetzt wollen wir diese beiden Techniken kombinieren, um herauszufinden, wie es Ihnen helfen kann, emotional richtig zu reagieren, wenn Sie sich selbst im richtigen Moment die richtige Frage stellen.

Jahrelang habe ich gegen die Neigung angekämpft, viel zu schnell zu sprechen, ohne mir wirklich ernsthaft Gedanken darüber zu machen. Schließlich gelang es mir, dieser Schwäche beizukommen, indem ich eine Drei-Frage-Technik anwandte, die ich überraschend entdeckt hatte. Vor Jahren gab der Komiker Craig Ferguson in einem Interview den folgenden Rat:

Drei Dinge müssen Sie sich immer
fragen, bevor Sie etwas sagen:
– Ist es nötig, dies zu sagen?
– Muss es von mir gesagt werden?
– Muss es jetzt von mir gesagt werden?

Bei ausreichender Übung dauert es nur wenige Sekunden, die Fragen im Kopf durchzugehen. (Ferguson behauptet, in seinem Fall habe es drei Ehen gedauert, diese Lektion zu lernen.)

Mir hat dieser kurze mentale Dialog immer wieder sehr geholfen. Mehr als einmal hat er mich daran gehindert, etwas zu sagen, das ich nur zu bald bedauert hätte – zu Hause wie am Arbeitsplatz. Gleichzeitig hält er mich nicht davon ab, etwa zu sagen, wenn es nötig ist. Es gibt Momente, da ist die Antwort auf alle drei Fragen ein lautes Ja – selbst wenn es sich nicht um die bequemste Lösung für mich und meinen Gesprächspartner handelt. In diesem Fall erlaubt mir die Methode, mit der nötigen Selbstsicherheit aufzutreten.

Aber vielleicht ist es bei Ihnen ja andersherum. Wenn Sie von Natur aus eher zurückhaltend sind, möchten Sie sich nicht davon abhalten lassen, etwas zu sagen, wenn es nötig ist. Dann können Sie die folgende Frage benutzen, um Ihre emotionale Reaktion zu überprüfen: Wenn ich jetzt nichts sage, werde ich es dann später bereuen?

Dies sind nur zwei Beispiele. Entscheidend ist, dass Sie erst Fragen stellen und nachdenken, um Ihre Gewohnheiten und Neigungen kennenzulernen. Wenn Sie diese Art von Selbstwahrnehmung entwickelt haben, können Sie sich eigene Fragen überlegen mit dem Ziel, emotional ausgeglichen zu reagieren.

Nehmen Sie sich Zeit, über Ihren persönlichen Kommunikationsstil nachzudenken. Neigen Sie dazu, ins Fettnäpfchen zu treten, zu schnell Verpflichtungen einzugehen oder sonst etwas zu sagen, das Sie später bedauern? Oder verhalten Sie sich still und wünschen sich, Sie hätten etwas gesagt?

Benutzen Sie die oben genannten Fragen (oder denken Sie sich neue aus), um Ihre Gefühle in den Griff zu bekommen und entsprechend zu handeln.

Treffen Sie niemals dauerhafte Entscheidungen aufgrund eines vorübergehenden Gefühls.

Mit Stimmungsschwankungen umgehen

Ärger, Frustration, Angst, Neid, Trauer, Abneigung – wir alle empfinden negative Emotionen, die sich zu unserem Nachteil auswirken, wenn wir uns nicht darum kümmern.

Manchmal sind diese Gefühle Anzeichen für ein körperliches Problem. Haben Sie Hunger? Ein niedriger Blutzuckerspiegel kann für extrem schlechte Laune sorgen, die sich durch einen kleinen Snack beheben lässt. Schlafen Sie genug? Forschungen legen nahe, dass Schlafmangel die Fähigkeit zum Umgang mit Emotionen einschränkt.[10]

Manchmal können negative Emotionen nützlich sein – wenn Sie lernen, entsprechend damit umzugehen. Hier sind zwei Möglichkeiten, das zu tun:

1. Negative Emotionen für Veränderungen nutzen

In ihrem Buch *Emotional Agility* erklärt die Harvard-Psychologin Susan David, wie solche Gefühle uns tatsächlich langsamer machen und zum Nachdenken zwingen: Wir achten mehr auf Details, anstatt schnelle Schlüsse zu ziehen.

„In einer ‚negativen' Stimmungslage denken wir aufmerksamer und anpassungsbereiter nach und betrachten die Fakten auf neue, kreative Art und Weise", schreibt David. „Wenn wir allzu fröhlich sind, übersehen wir wichtige Bedrohungen und Gefahren … Aber wenn wir ein bisschen durchhängen, konzentrieren wir uns und gehen den Dingen auf den Grund. Menschen in negativer Stimmung sind weniger gutgläubig und skeptischer, während glückliche Menschen sich mit einfachen Antworten zufrieden geben und ein falsches Lächeln glauben."

Um von negativen Gefühlen zu profitieren, müssen Sie sich überlegen, was Sie damit anfangen wollen.

David erzählt zum Beispiel, wie sie begann im Rahmen ihrer Beratertätigkeit rund um die Welt zu reisen. Sie saß in einem schicken Hotelzimmer und betrachtete die Aussicht, genoss den Zimmerservice und hatte ein völlig unerwartetes Gefühl: Schuld. Es gelang ihr nicht, auszublenden, dass sie hier alle Freiheiten genoss, während ihr Mann mit den Kindern allein zu Hause war.

„Mir wurde klar, dass mein Schuldgefühl mir helfen kann, Prioritäten neu zu setzen und mein Handeln neu auszurichten", schrieb sie. „Das Schuldgefühl, während ich auf Reisen war, signalisierte mir, dass ich meine Kinder vermisse und meine Familie wertschätze. Es erinnerte mich daran, dass mein Leben sich in die richtige Richtung bewegt, wenn ich mehr Zeit mit ihnen verbringe. Mein Schuldgefühl ist ein blinkender Pfeil, der auf die Menschen hinweist, die ich liebe, und das Leben, das ich führen möchte."[11]

2. Negative Emotionen zur Fokussierung nutzen

Damit das gelingt, müssen Sie einen Weg finden, Ihre Gefühle neu zu kategorisieren und daraus positive Handlungsimpulse abzuleiten.

Lisa Feldman Barrett, Neurowissenschaftlerin und Professorin für Psychologie an der Northeastern University, erläutert eine Möglichkeit, das zu tun, in ihrem Buch *How Emotions Are Made*. Wenn man vor einer bestimmten Aktion nervös ist, empfiehlt sie, dieses Gefühl neu zu kategorisieren – nicht als schädliche Sorge („Oh, nein, ich werde scheitern!"), sondern als hilfreiche Vorfreude („Ich stecke voller Energie und kann loslegen!").[12]

Forschungen belegen den Wert dieser Technik. Beispielsweise erreichten Studenten, die eine Matheklausur schrieben, bessere Ergebnisse, wenn sie ihre Angst vor der Klausur neu kategorisierten als Zeichen, dass der Körper sich auf die Aufgabe einstellt.[13] In einer anderen Studie wurden Menschen mit einer Reihe von Aufgaben konfrontiert, darunter Karaoke singen und eine Rede halten. Die Teilnehmer wurden aufgefordert, sich vor dem Auftritt zu sagen: „Ich habe Angst", „Ich bin aufgeregt" – oder nichts. Die „aufgeregten" Teilnehmer sangen besser und redeten überzeugender als ihre Mitstreiter.[14]

Zu anderen Zeiten können negative Gefühle auf einer vorübergehenden Situation beruhen – die es einfach zu überstehen gilt.

Ein Beispiel ist die jüngste Erfahrung meiner Freundin Julia.

Als klinische Therapeutin hilft Julia anderen dabei, effektiv mit negativen Gefühlen umzugehen. Nach einem wirklich schlimmen Tag traf es sie einmal selbst. Die unglücklichen Ereignisse begannen, als sie mit dem Auto in der Schlange am Parkautomaten stand – mit einem vierjährigen Kind auf dem Rücksitz. Ein anderes Auto fuhr von hinten auf ihren Wagen auf. Das führte zu einem 90-minütigen Telefongespräch mit ihrer Versicherungsgesellschaft am gleichen Abend, während sie versuchte, ihre Kinder ins Bett zu bringen. Nachdem sie schließlich alles organisiert und für den nächsten Tag geregelt hatte und ins Bett gehen wollte, ging die Toilettenspülung kaputt. Sie und ihr Mann blieben bis 1:30 Uhr auf, um sie zu reparieren. Schließlich kroch Julia um 2:00 Uhr morgens ins Bett mit einem, wie sie sagte, „verunsicherten" Gefühl.

„Manchmal, wenn ich einen schlechten Tag habe, kann ich darüber lachen und es einfach gut sein lassen", sagte Julia. „Aber dieses Mal war das anders. Dieses Mal war nichts gut."

„Es hätte mir jetzt nicht geholfen, in Selbstmitleid zu versinken oder mir Vorwürfe zu machen, weil ich negative Gefühle hatte. Anstatt mich weiter verrückt zu machen und mich dafür zu verurteilen, dass unbedeutende Dinge mich derart aus der Fassung bringen konnten, atmete ich mehrmals tief durch, akzeptierte diese Gefühle und erinnerte mich daran, dass sie, wie alles im Leben, vorübergehen würden – ich würde es überstehen."

Julia gab zu, dass ihre Gefühle in jener Nacht nicht völlig verschwunden waren, aber sie beherrschten sie auch nicht mehr.

„Manche Tage sind einfach schwieriger als andere. Das gilt für uns alle. Anstatt also dagegen anzukämpfen oder uns selbst zu bekämpfen, sollten wir uns als Menschen akzeptieren, die Gefühle haben. Sie alle sind nicht von Dauer und wir sind nicht verrückt, kaputt oder verwerflich, weil wir sie haben. Einfach nur menschlich."

Indem sie ihre Gefühle akzeptierte und sich durch sie hindurcharbeitete, verwandelte Julia „emotional" in „emotional intelligent".

Wenn Sie feststellen, dass Sie mit negativen Gefühlen zu kämpfen haben, fragen Sie sich: Was will dieses Gefühl mir sagen? Kann ich es nutzen, um mich zu einer Veränderung zu motivieren? Oder kann ich einen Weg finden, den Tag zu überstehen in der Hoffnung, dass es morgen besser wird?

Sechs überraschende Möglichkeiten, emotionale Intelligenz zu erwerben

Forscher haben festgestellt, dass einige unserer Lieblingsbeschäftigungen unsere Fähigkeiten im Umgang mit unseren Gefühlen verbessern können. Hier sind sechs überraschende (und angenehme) Wege, den emotionalen Verstand zu schärfen.

1. Filme gucken

Wenn Sie gern Filme schauen, wissen Sie, dass ein guter Film starke emotionale Reaktionen auslösen kann – von der Sympathie für einen tragischen Charakter bis zum Hochgefühl der Inspiration durch eine bemerkenswerte Geschichte.

Wenn Sie das nächste Mal einen Film sehen, nehmen Sie sich also hinterher ein wenig Zeit und denken über die Gefühle nach, die Sie bei einzelnen Szenen empfunden haben. Fragen Sie sich: Wie hat dieser Film mich berührt und warum? So lernen Sie, Ihre eigenen emotionalen Reaktionen besser zu verstehen.

2. Musik hören

Musik hat große Macht über unsere Gefühle. Wenn Sie das nächste Mal Ihre Playlist starten, achten Sie auf die Gefühle, die bestimmte Lieder auslösen, und versuchen Sie herauszufinden, warum das so ist.

3. Lesen

Jüngere Forschungen zeigen, dass das Lesen von Literatur unser Denken in besonderer Weise beeinflusst.[15] Wenn wir uns in eine Geschichte vertiefen, benutzen wir unsere Fantasie, um uns in die Figuren hineinzuversetzen, ihr Denken und Fühlen zu verstehen, ihre Motivation. So entsteht Empathie, die uns wiederum im Alltag zugutekommt.

4. Sport und körperliche Aktivität

In einer systematischen Auswertung von 36 Studien über den Zusammenhang von emotionaler Intelligenz und Sport oder körperlicher Aktivität fanden Forscher heraus, dass höhere emotionale Intelligenz mit erfolgreichen körperlichen Stressreaktionen und dem Einsatz psychologischer Fähigkeiten korreliert, aber auch mit einer positiven Einstellung zu körperlicher Aktivität.

Außerdem stellten die Autoren des Artikels fest, dass Menschen, die im Sport hartem Training und Leistungsdruck ausgesetzt waren, die Fähigkeit zeigten, ihre Gefühle und diejenigen anderer Menschen zu verstehen und zu regulieren.[16]

5. Schreiben

Zunehmend wird in Forschungen darauf hingewiesen, dass Schreiben, insbesondere über dramatische oder belastende Ereignisse, als eine Form der Katharsis dient, mit zahlreichen Vorteilen für die emotionale Gesundheit.[17]

6. Reisen

Eine jüngere Studie hat gezeigt, dass ausgedehnte Reisen zur emotionalen Stabilität beitragen können.[18] Sie holen Menschen aus ihrer Komfortzone heraus und eröffnen neue Perspektiven.

Langsam, aber sicher

Bis zum heutigen Tag besteht Kapitän „Sully" Sullenberger darauf, dass er kein Held ist.

„Meine Frau sagt immer, ein Held ist jemand, der sein Leben riskiert und in ein brennendes Haus rennt", schreibt Sullenberger in seinen Erinnerungen. „Flug 1549 war anders, weil wir uns das nicht ausgesucht hatten, meine Mannschaft und ich. Wir haben unser Bestes gegeben, haben uns auf unsere Ausbildung verlassen, die richtigen Entscheidungen getroffen und nicht aufgegeben … und das hat zu einem guten Ergebnis geführt. Ich wüsste nicht, dass man das ‚heroisch' nennt. Es war mehr so, dass wir eine Lebensphilosophie hatten, die wir an jenem Tag auf das anwandten, was wir taten – genau wie an zahllosen Tagen zuvor."[19]

Bei richtiger Vorbereitung lässt sich die gleiche Philosophie auf Selbstwahrnehmung und Selbstmanagement anwenden.

In diesem Kapitel haben wir über einige Übungen gesprochen, mit deren Hilfe man seine emotionalen Muskeln stärken kann. Genau wie Sportler die richtigen Techniken erwerben müssen, um in ihrer Disziplin gut zu sein, müssen auch emotionale Fähigkeiten trainiert werden. Es gilt, die Macht unserer Gefühle zu erkennen und zu lernen, wie wir sie in vorteilhafte Bahnen lenken können. Und genau wie wir für körperliches Training Zeit benötigen, müssen wir Geduld aufbringen, um unsere mentalen oder emotionalen Fähigkeiten zu verbessern.

Beginnen Sie mit ein oder zwei der genannten Techniken. Planen Sie Zeit ein, um dazusitzen und nachzudenken, angeleitet von den Fragen in diesem Kapitel. Suchen Sie nach Gelegenheiten, solche Pausen in Ihren Alltag einzubauen. Dann müssen Sie, genau wie ein Sportler, immer wieder üben, bis Sie diese Gewohnheiten internalisiert haben und sie zu einer zweiten Natur geworden sind.

Wenn Sie geschickt und erfahren genug sind, können Sie Techniken und Methoden zu besonderen emotionalen Meisterleistungen kombinieren – so verwandeln sich Ihre stärksten Emotionen aus einer destruktiven Kraft in eine Macht des Guten.

Mag sein, dass Sie sich dann nicht als Held bezeichnen, aber vielleicht tragen Sie doch zur Rettung der Lage bei.

Kapitel 3

Gewohnheitstiere

Wie Gedanken und Gewohnheiten sich auf unsere Gefühle auswirken

• • • • •

»Achte auf deine Gedanken, sie werden Worte; achte auf deine Worte, sie werden Handlungen; achte auf deine Handlungen, sie werden zu Gewohnheiten; achte auf deine Gewohnheiten, sie werden zu Charakterzügen; achte auf deinen Charakter, denn er bestimmt dein Schicksal.«

Frank Outlaw

Eines Tages saß ich auf einer Parkbank in der Sonne und beobachtete einen jungen Vater (nennen wir ihn James), der mit seinen Kindern spielte.

James' Telefon signalisierte, dass eine Nachricht eingegangen war. In den nächsten Minuten reagiert er abgelenkt: Er liest eine E-Mail und beantwortet sie. Die Kinder werden ungeduldig und betteln, er soll wieder mit ihnen spielen. „Eine Sekunde", sagt er, die Augen auf dem Telefon. Die Kinder werden immer lauter: „Papa ... Papa ... Papa ..."

Plötzlich schreit James sie an: „Ich habe euch doch gesagt, ihr sollt eine Sekunde warten!" Für einen kurzen Moment ist der sanftmütige Vater völlig verändert. Sein Brüllen ruft Angst und Tränen hervor. Sofort packt er das Telefon weg und tröstet seine Kinder. Offensichtlich bereut er, es überhaupt herausgenommen zu haben.

Am nächsten Tag wiederholt sich die Szene.

Etwas ganz Ähnliches passiert einer Frau namens Lisa. Nach einem langen Tag ist sie auf dem Heimweg zur U-Bahn. Plötzlich wird sie von einem Werbeplakat ihres Lieblingsladens abgelenkt und sagt sich, sie geht „einfach nur gucken", weil sie sich neue Kleidung im Moment nicht leisten kann. Innerhalb weniger Sekunden hat sie ein Paar Schuhe gefunden, die sie unbedingt mitnehmen muss. Aber sie weiß auch, dass das Konto überzogen ist. Ihre Kreditkartenrechnungen werden höher und höher.

„Das ist das allerletzte Mal", sagt sich Lisa, als der Kassierer die Karte durchzieht.

Und dann ist da Steve. Jahrelang hat er darum gerungen, mit dem Rauchen aufzuhören. Endlich macht er Fortschritte. Seit einem Monat nimmt er kein Nikotin mehr zu sich und das Verlangen lässt allmählich nach.

Aber heute war ein anstrengender Tag auf der Arbeit. Nach einem besonders schwierigen Telefongespräch mit seinem Manager schnorrt Steve eine Zigarette aus dem Vorrat seines Freundes und geht nach draußen. Er zündet sie an und fühlt sich sofort schuldig.

Vermutlich können Sie sich mit mindestens einer dieser Geschichten identifizieren. Die Umstände oder die Versuchungen sind im Einzelfall verschieden, aber die Verhaltensmuster sind meist ähnlich und belegen alle die eine, unausweichliche Wahrheit: Unsere Gefühle und unsere Gewohnheiten sind unauflöslich miteinander verbunden.

So ist das Leben

Wenn es um unsere emotionalen Reaktionen geht, haben wir alle Schwächen. Wir haben die Pause längst in unseren Alltag eingebaut, trotzdem schicken wir gelegentlich immer noch E-Mails, die wir am liebsten zurücknehmen würden. Wir bemühen uns, andere Meinungen zur Kenntnis zu nehmen und zu respektieren, bis eine der geäußerten Ansichten einen Wert infrage stellt, der uns wirklich am Herzen liegt.

Diese Beispiele zeigen, wie schwer es sein kann, Selbstkontrolle zu entwickeln, unsere Gedanken, unsere Rede- und Handlungsweise im Griff zu behalten – besonders in einer emotional aufgeladenen Situation.

Wenn wir versuchen, eine neue Fähigkeit zu erwerben, läuft das in der Regel so ab: Wir lernen die Theorie. Dann arbeiten wir an der Anwendung. Wir üben und üben … und machen allmählich Fortschritte, bis wir ein ausreichendes Können erworben haben. Natürlich bleibt dann immer noch Raum für Verbesserungen – aber wenn man auf den Weg zurückblickt, erkennt man deutliche Fortschritte. Man ist vielleicht nicht Jimi Hendrix, aber man spielt deutlich besser Gitarre als noch vor einem Jahr.

Selbstkontrolle zu entwickeln, dauert länger und die Rückschläge sind häufiger. Mit der Zeit sieht man eine leichte Verbesserung; dann wird man von einer emotional schwierigen Situation überrascht. Man sagt etwas, das man später bedauert, und ist entmutigt. Allzu schnell verfällt man wieder in schlechte Gewohnheiten.

Warum ist es so schwierig, Selbstkontrolle zu entwickeln? Sind wir alle nur Opfer, dazu verurteilt, die immer gleichen Verhaltensweisen ein Leben lang stumpfsinnig zu wiederholen?

In diesem Kapitel vermittle ich Detailwissen zur emotionalen Programmierung des Gehirns, erkläre, was das mit dem dynamischen Selbstbild zu tun hat, und erkunde den Vorgang, Gewohnheiten zu verändern. Ich weise auf die Gefahr des „emotionalen Hijacks“ hin und wie man ihn vermeiden kann. Schließlich erläutere ich die Unterschiede zwischen proaktivem und reaktivem Verhalten – und zeige, wie Ersteres sich auf Letzteres auswirken kann.

Bei alledem werden Sie herausfinden, dass es zwar nicht unbedingt einfach ist, lebenslange Gewohnheiten zu verändern, aber es *ist* möglich – und es lohnt die Mühe.

Das Gehirn neu verdrahten

Das menschliche Gehirn ist faszinierend in seiner Komplexität. Immer noch bemüht sich die Wissenschaft darum, zu verstehen, wie es im Einzelnen funktioniert. Dabei haben jüngere Forschungen Licht auf eine bemerkenswerte Eigenschaft des menschlichen Gehirns geworfen: seine Fähigkeit zur Veränderung.

„Jahrzehntelang nahmen die Neurowissenschaftler an, das Gehirn eines Erwachsenen sei in Form und Funktion im Wesentlichen festgelegt", schreibt der berühmte Neurowissenschaftler Richard Davidson in seinem Buch *Warum regst du dich so auf?*. „Heute wissen wir jedoch, dass dieses Bild von einem statischen, unveränderlichen Gehirn falsch ist. Stattdessen besitzt das Gehirn eine Eigenschaft, die wir ‚Neuroplastizität' nennen, nämlich die Fähigkeit, seine Struktur und Funktion erheblich zu verändern. Diese Veränderungen erfolgen aufgrund von Erfahrungen, die wir machen, und aufgrund unseres Denkens."[20]

Was bedeutet das nun? Es heißt, weil das Gehirn anpassungsfähig ist, haben wir tatsächlich einen gewissen Einfluss auf unsere eigene „Programmierung". Durch zielgerichtetes Denken und Handeln können wir das Ausmaß der Kontrolle über unsere emotionalen Reaktionen und Neigungen beeinflussen.

Diese Philosophie stimmt mit den Erkenntnissen der Psychologieprofessorin Carol Dweck aus Stanford überein. Viele Jahre lang hat sie die Selbstbilder untersucht, an denen Menschen ihr Verhalten ausrichten, um sich zu motivieren und zu kontrollieren. Ihre experimentellen Forschungen haben gezeigt, dass man zwar mit gewissen innewohnenden Talenten oder Begabungen geboren wird, dass es jedoch der Erfahrung, der Übung und der persönlich Anstrengung bedarf, um zu dem Menschen zu werden, der man sein möchte. „Beim dynamischen Selbstbild sind die Karten, die man in der Hand hält, nur der Ausgangspunkt für die Entwicklung", erläutert Dweck in ihrem Bestseller *Selbstbild*. „Jeder kann sich durch eigene Bemühung und Erfahrung verändern."[21]

Aber *wollen* Sie wirklich Ihre emotionalen Erfahrungen kontrollieren, wenn es um Ihre Gefühle geht?

Lassen Sie uns einige Überlegungen anstellen, warum Sie das tun sollten.

Dem Überfall der Amygdala entgehen

Hatten Sie jemals den Eindruck, von Ihren Gefühlen regelrecht überfallen zu werden? Als wären Sie unabänderlich darauf programmiert, in einer bestimmten Situation auf eine ganz bestimmte Weise zu reagieren?

Einer der Gründe für eine solche Reaktion ist, dass bestimmte Auslöser (Trigger) gewohnheitsmäßig auf der emotionalen Ebene mit einer bestimmten Reaktion verknüpft sind. Das hat mit der Amygdala zu tun, jenem Teil des Gehirns, der auch „emotionaler Prozessor" genannt wird.[22]

Die Amygdala ist eine komplexe mandelförmige Struktur tief im Gehirn (der Name ist abgeleitet vom griechischen Wort *amygdale* für Mandel). Sie ist verantwortlich für eine große Bandbreite kognitiver und emotionaler Funktionen. Eigentlich hat das Gehirn zwei Amygdalae, eine auf jeder Seite (in jeder Hemisphäre) des Gehirns. Diese Gebilde spielen eine große Rolle bei der Verarbeitung von Erinnerungen – indem sie ihnen emotionale Bedeutung zuweisen. Wenn Sie beispielsweise ein vertrautes Gesicht sehen, beginnt die Amygdala zu arbeiten: Ist es ein guter Freund, spüren Sie eine Woge der Freude. Ist es jemand, den Sie nicht mögen, spüren Sie das Gegenteil.

Während große Teile der Entscheidungsfindung in anderen Teilen des Gehirns stattfinden (beispielsweise im präfrontalen Cortex), beschreiben Wissenschaftler die Neigung der Amygdala, unter bestimmten Bedingungen das Steuer an sich zu reißen.

Denken Sie beispielsweise an James. Sobald er den Kingelton seines Handys hört, ist er abgelenkt. Körperlich sitzt er noch neben seinen Kindern, aber mit dem Kopf ist er wieder im Büro. Als die Kinder ungeduldig werden, nehmen Sie die Herausforderung an: Papa soll sich wieder um uns kümmern, egal wie wir das hinkriegen. Das Jammern der Kinder nimmt zu, der Vater wird immer ungehaltener – bis er losbrüllt. Das Ergebnis? Eine unfertige E-Mail, zwei weinende Kinder und Frustration auf allen Seiten.

Dies ist ein einfaches Beispiel für das, was Daniel Goleman einen emotionalen Überfall (oder Hijack) nennt: eine Situation, in der die Gefühle unsere üblichen Denkprozesse überlagern. Man kann die Vorgehensweise der Amygdala hier als eine Art „Not-Aus-Schaltung" des Gehirns bezeichnen. Sie wird dann aktiv, wenn wir Angst haben, uns bedroht fühlen oder unsere Reflexe zum Kampf, zur Flucht oder zum sofortigen Innehalten brauchen. Der Vater möchte seine E-Mail zu Ende schreiben und seine Kinder wollen ihn davon abhalten. Die Amygdala interpretiert das als Bedrohung und veranlasst eine spontane, aggressive Reaktion.

Überfälle der Amygdala können sich zum Vorteil wie zum Nachteil auswirken. Bei einem echten Notfall kann uns die Amygdala den Mut verleihen, die Familie gegen einen Angreifer zu verteidigen, der größer oder stärker ist. Aber sie kann uns auch zu riskantem, irrationalem oder sogar gefährlichem Verhalten in Alltagssituationen veranlassen.

Einfach nur zu verstehen, wie die Amygdala funktioniert, ist ein wichtiger Schritt in die Richtung, solche persönlichen emotionalen Überfälle zu erkennen, daraus zu lernen und Strategien zu entwickeln, wie man damit umgeht. Natürlich wäre es großartig, wenn wir die Auslöser im Vorhinein kennen würden, aber in der Regel läuft das anders herum: Wir reagieren auf einen Stimulus und sagen oder tun etwas, das wir später bedauern.

Jetzt haben Sie die Wahl: Sie können vergessen, was passiert ist, einfach weitermachen und das nächste Mal in einer vergleichbaren Situation genauso reagieren. Oder Sie können versuchen, Ihre Gedanken und Gefühle zu ordnen, wie die Teile eines Puzzles. Wenn Sie beginnen, zu verstehen, warum Sie in dieser Weise reagieren, können Sie Ihre Standardreaktion so verändern, dass Sie das nächste Mal anders ausfällt.

Sollten Sie sich für die zweite Möglichkeit entscheiden, können Sie mithilfe der folgenden Fragen zur Selbstreflexion den Prozess der Veränderung in Gang setzen:

1. Warum habe ich so reagiert?
2. Hat meine Reaktion mir geholfen oder geschadet?
3. Wie passt diese Situation ins Gesamtbild? Wie werde ich mich in einer Stunde damit fühlen? In einer Woche? In einem Jahr?
4. Was habe ich vielleicht missverstanden oder in den falschen Hals bekommen, besonders im Eifer des Gefechts?
5. Das würde ich anders machen, wenn ich es noch einmal tun könnte?

6. Was könnte ich mir beim nächsten Mal sagen, das mir hilft, klarer zu denken?

Sinn und Zweck dieser Fragen ist es, einen Prozess des Nachdenkens in Gang zu setzen, der Ihnen ermöglicht, Ihr emotionales Verhalten und Ihre Neigungen in Zukunft klarer zu erkennen. Dann können Sie etwas tun, um Ihr einschränkendes oder schädliches Verhalten zu verändern.

Wie sieht das Ganze im echten Leben aus?

Sagen wir, Sie haben beim Autofahren die Tendenz, schnell beleidigt zu sein. Wenn ein anderes Fahrzeug Ihnen zu nahe kommt oder Ihnen den Parkplatz wegschnappt, nehmen Sie das persönlich. Ehe es Ihnen bewusst wird, nimmt der Augenblick Sie gefangen, Sie fahren zu dicht auf oder suchen nach einer anderen Form der Vergeltung. Weil Sie mitten in einem emotionalen Überfall stecken, ist Ihre geringste Sorge, dass Sie einen Unfall verursachen oder eine heftige Gegenreaktion auslösen könnten.

Etwas später haben Sie dann Gelegenheit, sich zu beruhigen. Sie sind dankbar, dass nichts Schlimmes passiert ist, aber Sie merken, dass ein solches Verhalten Sie in Schwierigkeiten bringen kann.

Sie überdenken die Situation mithilfe der oben genannten Fragen und einiger Techniken aus dem zweiten Kapitel. Dann stellen Sie sich die folgenden Fragen:

- Wie würde sich meine Meinung über den anderen Verkehrsteilnehmer ändern, wenn ich wüsste, dass er beispielsweise eine schwangere Frau ins Krankenhaus fährt oder zu einem verletzten Familienangehörigen unterwegs ist?
- Was ist, wenn der andere Fahrer unabsichtlich so gehandelt hat? Mache ich keine Fehler beim Fahren? Wie stelle ich mir die Reaktion eines anderen Verkehrsteilnehmers vor, den ich versehentlich geschnitten habe?
- Wie könnten Verkehrsteilnehmer reagieren, an denen ich mich räche? Wie würde sich das auf mich und meine Familie auswirken? Lohnt sich das Risiko?
- Wie passt dieser Zwischenfall ins Gesamtbild? Mache ich mir wirklich noch Gedanken über einen Fahrer, der mich vor einer Stunde, einer Woche oder einem Jahr geschnitten hat?

Mithilfe dieser Fragen versuchen Sie, zu verändern, wie Ihr Gehirn in einer solchen Situation reagiert. Wenn Sie das Verhalten anderer Verkehrsteilnehmer nicht länger als persönlichen Angriff verstehen, sind neben der Amygdala auch andere Teile Ihres Gehirns beteiligt, wenn Sie geschnitten werden. Ihre Entscheidungen werden überlegter und rationaler.

Nun zurück zu James. Er fühlt sich schuldig, weil er seine Kinder angebrüllt hat, und möchte das ändern. Beim Nachdenken fällt ihm auf, dass er schnell frustriert ist, wenn er in Gegenwart seiner Kinder eine E-Mail schreibt. Weil das so ist, beschließt er, auf solche Nachrichten nur noch zu bestimmten Zeiten zu reagieren. Er stellt den Benachrichtigungston an seinem Handy aus, damit er nicht ständig darauf schaut. Und wenn die Zeit gekommen ist, einen Blick in seine E-Mails zu werfen, sagt er zu seinen Kindern: „Papa braucht jetzt ein paar Minuten, um etwas für die Arbeit zu erledigen." Und er stellt sicher, dass seine Kinder beschäftigt und beaufsichtigt sind.

Durch diese Art des Nachdenkens verbessert sich James' Selbstwahrnehmung und er gewinnt neue Einsichten. Mit der Zeit versteht er, dass so ziemlich jede Art von Multitasking seine Kommunikationsfähigkeit erheblich einschränkt. Weil das so ist, arbeitet er daran, sich besser zu konzentrieren. Im Büro legt er das Telefon beiseite, damit er mehr schafft, und schaut nur zu bestimmten Zeiten darauf. Er konzentriert sich bewusst darauf, eine Aufgabe zu beenden (oder einen sinnvollen Einschnitt zu erreichen), ehe er eine neue Aufgabe beginnt. Wenn seine Frau zu Hause ein Gespräch beginnen möchte, bittet er um eine Minute, um erst zu beenden, was er gerade tut. Dann wendet er ihr seine gesamte Aufmerksamkeit zu.

James ist sehr stolz auf all diese Veränderungen. Ich weiß das, weil ich es selbst bin, James. (Ja, James ist mein mittlerer Name.)

Ich hatte beschlossen, die emotionalen Überfälle zum intensiven Nachdenken zu nutzen. Ich wollte neu bewerten, wer ich war und was ich wollte, und mir wurde klar, dass Veränderungen nötig waren.

Mir wurde klar, wie gefährlich meine Arbeit geworden war – weil ich begonnen hatte, sie zu lieben. Ich liebte sie so sehr, dass ich nur noch meine Arbeit tun wollte. Wenn ich mehr als ein paar Stunden von meinem Computer weg war, fühlte ich mich unglücklich. Sobald sich die Gelegenheit bot, saß ich wieder daran.

Doch so wollte ich nicht werden.

Die Veränderungen, die ich daraufhin vor einigen Jahren einführte, haben zu dramatischen Ergebnissen geführt. Meine Arbeit gefällt mir wirklich gut, deshalb ist die Versuchung, zu viel zu arbeiten, immer da. Ich muss darum kämpfen, das Gleichgewicht zu halten und den Überblick nicht zu verlieren. (Ich bin nicht perfekt. Meine Frau hilft mir sehr.) Aber ich fühle mich meiner Frau und meinen Kindern emotional viel verbundener als je zuvor. Auf der Arbeit bin ich deutlich produktiver und kann sehr viel konzentrierter arbeiten. Diese einfachen Veränderungen haben mich zu einem besseren Ehemann, Vater und Mitarbeiter gemacht.

Und die Moral von der Geschicht: Emotionale Überfälle sind nicht angenehm, aber unvermeidlich. Die Frage ist: Wie gehen Sie damit um? Mit der richtigen Strategie ziehen Sie daraus einen Gewinn – und machen keinen Verlust.

Man muss sich jedoch klarmachen, dass diese Anpassungen nicht über Nacht passieren. Lieb gewordene Gewohnheiten sind hartnäckig.

Gewohnheiten gestalten: Handeln Sie proaktiv statt reaktiv

Ein anderer Faktor, der unsere persönliche „Programmierung" beeinflusst, hat mit unseren Gewohnheiten zu tun.

„Gewohnheiten, sagen die Wissenschaftler, entstehen, weil das Gehirn ständig nach Möglichkeiten sucht, sich weniger anzustrengen", schreibt Charles Duhigg, Autor des Bestsellers *Die Macht der Gewohnheit.*[23] Unser Gehirn arbeitet besonders effizient, wenn wir nicht ständig über elementares Verhalten wie Gehen oder Sprechen nachdenken müssen. So können wir unsere geistige Energie für andere Aufgaben einsetzen. (Deshalb schalten wir beispielsweise auf Autopilot, wenn wir Zähne putzen oder einparken.) Stellt das Gehirn fest, dass ein bestimmtes Verhaltensmuster sich lohnt, richtet es häufig eine Gewohnheit ein.

Problematisch ist nur, dass das Gehirn nicht zwischen guten und schlechten Resultaten unterscheiden kann. Lisa, die junge Frau, die ich oben erwähnt habe, geht nicht in den Laden, weil sie neue Kleidung *braucht*. Sie tut das, weil sie einer Gewohnheit folgt – sie fühlt sich emotional belohnt, wenn sie ihre Neugier befriedigt. In ähnlicher Weise wird Steve immer wieder rückfällig, wenn er gestresst ist – obwohl er unbedingt aufhören will zu rauchen. Sein Gehirn ist darauf eingestellt, durch den Nikotingehalt der Zigarette Erleichterung zu finden.

Gut möglich, dass Sie andere schlechte Angewohnheiten haben. Vielleicht schauen Sie spät in der Nacht Netflix, was zu chronischem Schlafmangel und schlechter Laune führt. Oder Sie sagen sich, ich mache das noch schnell fertig, obwohl Sie eigentlich schon einen neuen Termin haben. Das führt zu einem Wettlauf mit der Zeit und Ihr Tag wird unnötig anstrengend.

Wir sind, was wir immer wieder tun. Vortrefflichkeit ist keine einmalige Aktion, sondern eine Gewohnheit.

Will Durant

So schwer es auch sein mag, schlechte Gewohnheiten abzulegen, wir sind ihnen nicht gnadenlos ausgeliefert. Wissenschaftler haben herausgefunden, dass Gewohnheiten nicht „einfach so" verschwinden, aber man kann sie ersetzen. Das bedeutet: Sie müssen Ihre aktuellen Routinen nicht für immer beibehalten, nur weil sich daran seit Jahren nichts geändert hat. Stattdessen können Sie Ihr Gehirn neu verdrahten, indem Sie neue, eigene Gewohnheiten entwickeln.

Betrachten wir in diesem Zusammenhang die Arbeit des Therapeuten Brent Atkinson. Viele Jahre lang hat er jede Woche Therapiesitzungen mit Paaren durchgeführt. Dabei wurde ihm klar, dass selbst diejenigen Lebenspartner, die grundlegende Einsichten in ihr Verhalten gewonnen hatten, immer wieder in die gleichen Muster zurückfielen. Er schrieb das ihren persönlichen Erfahrungen zu.

„Die Hirnforschung legt nahe, dass Menschen im Laufe ihres Lebens bestimmte innere Mechanismen entwickeln, um mit irritierenden Erfahrungen umzugehen ", erklärt Atkinson. „Das Gehirn organisiert diese Bewältigungsmechanismen in zusammenhängende neuronale Antwortprogramme, die hochgradig automatisiert ablaufen. Hat sich ein solches Antwortprogramm herausgebildet, läuft jedes Mal, wenn es ausgelöst wird, ein vorhersehbares Muster an Gedanken, Bedürfnissen und Handlungen ab. Neuronale Antwortprogramme können die Wahrnehmungen und Interpretationen von Menschen in dramatischer Weise einseitig beeinflussen, ohne dass ihnen das bewusst wird ... So entstehen ausgeprägte Tendenzen anzugreifen, sich zu verteidigen oder sich zurückzuziehen."

Mit anderen Worten: Wie Sie reagieren, wenn Sie sich aufregen, ist eine Gewohnheit, die Ihr Gehirn zum eigenen Schutz entwickelt hat – und die bereits viele Tausend Male abgelaufen ist. (In vielen Beziehungen läuft ein Streit so vorhersehbar ab, dass er praktisch einem Drehbuch folgt.) Man kann diesen ewigen Kreislauf durchbrechen, indem man die eigenen Reaktionen neu konditioniert.

Atkinson und seine Kollegen halfen ihren Klienten dabei, indem sie ihnen beibrachten, unter Stress flexibler zu denken. Ihre Klienten sollten ihre Lebensgefährten bitten, immer wenn sie mit dem Verhalten ihres Partners unzufrieden oder nicht einverstanden waren, mit dem Smartphone eine Tonaufnahme zu machen, „als würden sie ihrem Partner eine Sprachnachricht hinterlassen."

Später spielten die Therapeuten diese Sprachaufnahmen für ihre Klienten ab. Dabei ging es um Folgendes:

- Achten Sie auf die inneren Reaktionen, die bei Ihnen geweckt werden, wenn Sie Ihren Partner hören.
- Überlegen Sie sich, wie Sie in dieser Situation am liebsten reagieren würden.

- Üben Sie immer wieder die neue Art des Denkens oder der Erwiderung, wenn Sie genervt sind oder sich aufregen.

Die Ergebnisse waren bemerkenswert. Die Klienten lernten schnell, ihr Denken zu verlangsamen und unter Stress anders zu reagieren. „Für viele von ihnen war es das erste Mal im Leben, dass sie dem, was in ihrem Innern abläuft, wenn sie kritisiert werden, detaillierte Aufmerksamkeit zuwandten", sagt Atkinson.[24]

Was können Sie daraus für Ihre persönliche Situation lernen?

Wenn Sie Ihre gewohnheitsmäßigen Reaktionen verändern wollen, können Sie in drei Schritten vorgehen:

1. Motivieren

Atkinson weist darauf hin, dass Menschen, die ihre Gewohnheiten verändern wollen, hoch motiviert sein müssen. „Sie müssen davon überzeugt sein, dass ihre aktuellen Gewohnheiten unbedingt verändert werden sollten und dass sie das tatsächlich tun wollen", schreibt er.

Suchen Sie also nach Ihrer Motivation. Wollen Sie länger leben? Wollen Sie auf der Arbeit mehr leisten? Ihre Lebensqualität verbessern?

Finden Sie heraus, wie Ihre Gewohnheiten Sie am Erreichen dieser Ziele hindern – oder Ihnen dazu verhelfen könnten. Dann entdecken Sie vielleicht die Motivation für eine große Veränderung.

2. Üben

Um eine neue Fähigkeit zu verinnerlichen, muss sie immer und immer wieder geübt werden.

Sie können es so machen, wie Atkinson es vorgeschlagen hat: Ihre Partnerin nimmt eine Voicemail auf, in der sie sich beklagt. Die hören Sie sich dann später an. Sie können aber auch anders vorgehen: Wenn Sie das nächste Mal Nachrichtenmeldungen lesen oder in den sozialen Medien stöbern, wählen Sie Kommentare und Meinungsäußerungen aus, die Sie ansprechen und bewegen. Antworten Sie nicht darauf. Stattdessen achten Sie beim Hören oder Lesen auf Ihre innere Reaktion. Stellen Sie sich die sechs Fragen zur Selbstreflexion von Seite 36. Schließlich rufen Sie sich eine Situation in Erinnerung, die Ihnen Schwierigkeiten bereitet hat. Und stellen Sie sich mental darauf ein, wie Sie unter ähnlichen Umständen in Zukunft reagieren wollen.

Denken Sie an den Vergleich mit einem Profi-Sportler: Athleten üben ihre Technik viele Tausend Male, ehe sie damit an die Öffentlichkeit treten. Genau so sollten Sie die mentalen Prozesse trainieren, auf die Verlass sein muss, ehe Sie in die nächste emotional belastende Situation geraten.

3. Anwenden

Obwohl sie unendlich viele Stunden üben, gewinnen Sportler entscheidende Erfahrungen aus der Teilnahme an Wettbewerben. Dort – in der Arena oder im Stadion – setzen sie ihre Fähigkeiten tatsächlich ein.

Auch Sie werden häufig Gelegenheit haben, das Erlernte anzuwenden. Jeden Tag wieder gibt es emotional aufgeladene Momente – etwa die Diskussion mit einem wütenden Kollegen oder Familienmitglied; eine große Versuchung.

Meine persönliche Erfahrung bei der Anwendung dieser Methoden ist, dass ich heute weniger emotionale Überfälle erlebe als früher. Hinzu kommt: Meist erkenne ich es, wenn ein emotionaler Hijack beginnt, und halte mich zurück, so dass die Katastrophe sich in Grenzen hält. Gegebenenfalls entschärft eine ehrliche Entschuldigung meinerseits die Situation. Dann ist es für mich und alle Beteiligten einfacher, wieder ruhig zu werden. Und das Weitermachen wird für alle produktiver und angenehmer.

Rechnen Sie nicht damit, Selbstkontrolle über Nacht zu erlangen. Doch wenn Sie bei jeder sich bietenden Gelegenheit an der Integration selbst gewählter Gewohnheiten arbeiten, können Sie Ihren emotionalen Reaktionen proaktiv die gewünschte Form geben. Dann sind Sie kampferprobt und deutlich besser gerüstet, um mit den meisten emotionalen Herausforderungen fertig zu werden.

Bloß nicht aufgeben!

Täuschen Sie sich nicht: Das eigene emotionale Verhalten zu verändern, ist keine leichte Sache. In vielen Fällen haben Sie es mit neuronalen Verbindungen zu tun, die Ihr ganzes Leben lang Zeit hatten, sich zu entwickeln. Selbst wenn Sie bereits Fortschritte gemacht haben, müssen Sie mit Rückschlägen rechnen. Manchmal werden Sie sich fragen, ob Sie überhaupt etwas erreichen.

Die Wahrheit ist, keiner von uns hat seine Gefühle völlig im Griff. Wir alle machen Fehler und das wird sich auch nicht ändern. Zeigen Sie mir einen „Experten" auf dem Gebiet der emotionalen Intelligenz und ich zeige Ihnen einen Menschen, der die Beherrschung verliert oder sich aus emotionalen Gründen falsch entscheidet – unter den falschen Umständen.

Aber wenn Sie die emotionalen Überfälle als Verhaltensstudien in eigener Sache verstehen, werden daraus bemerkenswerte Lernerfahrungen. Versuchen Sie, herauszufinden, welche Ereignisse Ihre Reaktion ausgelöst haben und welche tief verwurzelten Gewohnheiten dazu beigetragen haben mögen. Benutzen Sie Ihre Fantasie! Lassen Sie die Dinge Revue passieren und erproben Sie Lösungen. Suchen Sie nach Möglichkeiten, schlechte Angewohnheiten durch gute zu ersetzen. Und schließlich: Üben, üben, üben!

Wenn Sie all das tun, können Sie nach und nach die instinktiven Reaktionen Ihres Gehirns umprogrammieren – und genau die Gewohnheiten entwickeln, die Sie brauchen, um im emotionalen Gleichgewicht zu bleiben.

Kapitel 4

Rohdiamanten

Warum Feedback immer ein Geschenk ist

• • • • •

»Nur wer die Kritik schätzt, wird vom Lob profitieren.«

Heinrich Heine

Als kleiner Junge half Thomas Keller häufig in der Küche jenes Restaurants in Palm Beach aus, das von seiner Mutter geleitet wurde. Schließlich lernte er das Kochen so sehr lieben, dass er sich entschied, Küchenchef zu werden. Er erhielt zahllose Auszeichnung und renommierte Preise. Schließlich galt er als einer der besten Kochkünstler weltweit.

Das erklärt, warum Pete Wells, führender Restaurantkritiker der *New York Times*, Schlagzeilen machte, als er Kellers New Yorker Restaurant *Per Se* massiv kritisierte. Wells beschrieb seine drei Abendessen im *Per Se* (zwischen Herbst und Winter 2015) als „respektabel langweilig, im besten Fall, bis enttäuschend platt, im schlimmsten". Im Einzelnen beschrieb er die Gerichte, die er gekostet hatte, als „beliebig", „fade", „ziellos" und „gummiartig".[25]

Und wie hat Keller, hochgelobter Küchenchef und Perfektionist, auf eine solche Kritik reagiert – die übrigens in der gleichen Zeitung erschien, die das *Per Se* vier Jahre zuvor zum „besten Restaurant in New York City" gekürt hatte?

Er entschuldigte sich.

In einer ebenso bescheidenen wie beflügelnden Stellungnahme übernahm Keller die Verantwortung für das schlechte Essen im *Per Se* und gelobte Besserung.

„Wir sind stolz darauf, höchsten Ansprüchen zu genügen, aber auch wir sind nicht unfehlbar“, räumte Keller in der Erklärung auf seiner Internetseite ein. „Es tut uns leid, dass wir Sie enttäuscht haben.“[26]

In einem Interview mit der Zeitschrift *Town & Country* räumte Keller wenige Monate später ein, er habe Wells' Kritik nicht als persönlichen Angriff verstanden. „Vielleicht waren wir allzu sehr von uns eingenommen“, sagte er. „Ich habe begriffen, dass wir als Team möglicherweise zu arrogant waren, zu sehr von uns selbst überzeugt.“[27]

Bald nachdem die Kritik in der *Times* erschienen war, bereiste Keller die Handvoll Restaurants, die er besitzt, um mit den 1029 Mitarbeitern zu sprechen und ihnen die Lage zu erläutern. Keller sagte, die einzige Möglichkeit, die Auswirkungen der Kritik zu begrenzen, sei Gast für Gast.

In der Welt des guten Essens, wo Spitzenköche vergöttert werden, war Kellers Reaktion ein frischer Wind. Gleichzeitig machte sie einem größeren Personenkreis deutlich, was viele enge Freunde Kellers für eine seiner Stärken halten: Er kann mit negativem Feedback umgehen und davon profitieren.

Warum wir alle Feedback brauchen

Ehe Sie Kellers Reaktion als heuchlerische PR-Vorstellung abtun, sollten Sie überlegen, wie schwierig es ist, das tatsächlich zu tun: harsche, negative Kritik akzeptieren, den eigenen Stolz hinunterschlucken und sich entschuldigen.

Grant Achatz, ein preisgekrönter Koch, der vier Jahre unter Keller in seinem gefeierten Restaurant *French Laundry* in Kalifornien gearbeitet hat, schildert, wie sehr diese Reaktion zum Wesen seines früheren Mentors gehört.

„Wenn so etwas passiert … reagiert er sofort positiv und versucht, etwas zu verbessern“, sagte Achatz. „Man mag über sein Ego oder seine Arroganz spekulieren, aber so ist er nicht.“

Wenn Sie mir auch nur entfernt ähneln, fallen Ihnen sofort vergleichbare Situationen ein, in denen Ihre Reaktion auf Kritik nicht annähernd so wohlwollend war.

Das zu verstehen, fällt nicht schwer. Wir alle hängen emotional an unserer Arbeit, an unseren Überzeugungen und Meinungen. Natürlich können wir einfach *behaupten*, wir wollten lernen und immer besser werden. Doch wenn jemand kommt und uns sagt, wie wir das machen sollen, reagieren wir angespannt. Empfindlich. Bestürzt.

Aber wie wäre es, wenn wir lernten, Kritik anders zu sehen? Wenn wir einen Weg fänden, die Auswirkungen derartiger Kommentare aus einem Angriff in etwas Wertvolles zu verwandeln?

Wir könnten das Feedback, das wir erhalten, mit einem ungeschliffenen Diamanten vergleichen. Für das ungeschulte Auge sieht ein frisch geförderter Diamant nicht besonders wertvoll aus, nicht einmal schön. Aber nach dem langen, komplizierten Vorgang des Klassifizierens, Schneidens und Schleifens wird sein wahrer Wert offenbar. In ähnlicher Weise kann es sich als unschätzbare Fähigkeit erweisen, die Vorteile und den Nutzen einer Kritik herauszuarbeiten.

Natürlich werden Sie nicht immer nur kritisches Feedback erhalten. Ein passendes Kompliment oder ein wenig Schmeichelei zaubern vielleicht ein Lächeln auf Ihr Gesicht. Aber selbst ehrliches Lob kann auf lange Sicht schädlich sein, wenn Sie nicht lernen, richtig damit umzugehen.

Wie machen Sie also das Beste aus dem Feedback anderer Menschen?

Auf diese Frage wollen wir in diesem Kapitel eingehen. Außerdem möchte ich Ihnen zeigen, wie die Kommentare von Außenstehenden Sie auf eine Weise beeinflussen können, die Ihnen nicht einmal auffällt. Danach skizziere ich, welche Art von Feedback besonders nützlich ist, und gebe Ihnen Tipps, damit Sie es auf jeden Fall mitbekommen.

Feedback ist ein Geschenk

„Inside Amazon: Wrestling Big Ideas in a Bruising Workplace." (Deutsch in etwa: „Amazon von innen: Große Pläne an einem Arbeitsplatz, der wehtut.")

So der Titel eines berüchtigten Artikels in der *New York Times* aus dem Jahr 2015. In der Geschichte wird der Internet-Handelsriese Amazon als brutaler Arbeitgeber dargestellt, der Innovation und Gesamtleistung der Firma über das Wohlergehen seiner Mitarbeiter stellt.

„Bei Amazon werden die Mitarbeiter angehalten, sich bei Konferenzen gegenseitig schlecht zu machen, lange und hart zu arbeiten … und Standards zu erfüllen, von denen die Firma stolz behauptet, sie seien ‚unvernünftig hoch'", heißt es in dem Artikel. Den Autoren zufolge sind Sabotage und skrupelloses Verhalten verbreitet. Amazon-Mitarbeiter erzählen Geschichten von Managern, die sich angesichts schwerer gesundheitlicher Probleme oder Familientragödien ihrer Mitarbeiter völlig gleichgültig zeigen.

„Fast jeder, mit dem ich zusammengearbeitet habe, hat an seinem Schreibtisch geweint", berichtet ein früherer Mitarbeiter.[28]

Die Geschichte verbreitet sich wie ein Lauffeuer. Ehemalige erzählen gute wie schlechte Geschichten. (Dabei muss man bedenken, dass Amazon weltweit mehr als 300.000 Menschen beschäftigt.) Der Artikel wird auf der Internetseite der *New York Times* fast 600.000-mal kommentiert und löst eine öffentliche Debatte zwischen einem leitenden Angestellten von Amazon und dem Chefredakteur der *Times* aus, der auf die beliebte Blogging-Plattform *Medium* gestellt wird.[29]

Doch in dem Medienspektakel, das folgt, sticht die Reaktion eines Mannes heraus.

Am gleichen Wochenende, als der Artikel veröffentlicht wurde, schickte Amazon-Gründer und CEO Jeff Bezos eine kurze Nachricht an alle Angestellten. Darin ermutigte er sie, den Artikel in der *New York Times* „sorgfältig zu lesen".

Die Kritik war beißend. „Ich erkenne Amazon darin nicht wieder und ich hoffe, Sie auch nicht", schrieb Bezos. Und er fügte hinzu, dass die Geschichte der *Times* „nicht die Firma Amazon beschreibt, die ich kenne, und auch nicht die fürsorglichen Mitarbeiter, mit denen ich Tag für Tag zusammenarbeite." Er forderte seine Mitarbeiter auf, Zwischenfälle wie die geschilderten umgehend zu melden. Ja, er lud seine Mitarbeiter sogar ein, sich per E-Mail direkt an ihn zu wenden.

„Auch wenn das nur selten oder praktisch nie vorkommt, muss unsere Toleranz gegenüber einem derartigen Mangel an Mitgefühl null sein", schrieb Bezos.[30]

Ganz sicher empfand Bezos alle möglichen Gefühle, als er sich überlegte, wie er mit der plötzlich aufgetretenen Krise umgehen sollte. Und er entschied sich, das negative Feedback zum Anlass zu nehmen, um die aktuelle Situation in der Firma zu bewerten und deutlich zu machen, wie ernst er die Anschuldigungen nahm.

Hat sein Aufruf zum Handeln irgendwelche Folgen gehabt? 2016 gab die Firma Veränderungen in der Bewertung von Mitarbeitern, die Karriere machen wollten, bekannt. In einer offiziellen Verlautbarung wurde das neue Verfahren als „deutliche Vereinfachung" beschrieben. Ab sofort sollte das Hauptaugenmerk auf den Stärken der Mitarbeiter liegen, nicht auf „dem Fehlen von Schwächen".[31]

Bezos Memo – ähnlich wie Thomas Kellers erste Reaktion auf die bittere Restaurantbesprechung – illustriert ganz klar die positiven Folgen, wenn wir Kritik als Chance zum Lernen begreifen.

Aber diese Art von Reaktion ist nicht so weit verbreitet – und das ist wenig überraschend.

Wenn es um unsere Arbeit geht, haben wir Blut, Schweiß und manchmal Tränen investiert. Da ist es nur natürlich, dass wir einen gewissen Schmerz verspüren, wenn andere unsere Bemühungen abwerten. Hinzu kommt, dass persönliche Ansichten, Überzeugungen und Werthaltungen zentrale Bestandteile unserer Identität sind. *Wenn du die angreifst, greifst du mich an*, ist daher eine verbreitete Reaktion.

Noch schlimmer wird es, wenn die Kritik von Freunden kommt, oder von einem Familienmitglied. *Wie können sie das nur tun*, fragt man sich. *Sie sollten auf meiner Seite stehen*!

Aber es ist nun einmal so: Niemand hat immer recht. Wir brauchen die anderen, um unsere Schwächen zu erkennen, damit sie uns auf das hinweisen, was uns nicht auffällt. Nur so werden wir besser.

Leider wird die Kritik, die wir erhalten, häufig auf wenig ideale Art und Weise geäußert. Manchmal ist sie regelrecht brutal – oder sogar falsch, in vielerlei Hinsicht. Aber selbst, wenn es keine konstruktive Kritik ist, sollten wir sie immer noch als Geschenk betrachten – weil Kritik meistens auf einer Wahrheit beruht. Das heißt, man kann daraus etwas gewinnen, eine Einsicht, die uns weiterbringt.

Und selbst wenn die Kritik völlig daneben liegt, ist sie immer noch extrem wertvoll, weil sie hilft, die Perspektive derjenigen zu verstehen, die eine andere Weltsicht haben. Die Perspektive eines anderen Menschen, seine Art zu denken, kann uns helfen, das eigene Denken klarer zu sehen und eigene Überzeugungen und Werthaltungen klarer zu definieren.

Betrachten Sie negatives Feedback als Lernchance und tun Sie Folgendes:

- Überzeugen Sie sich von der Gültigkeit Ihrer Ideale und Vorstellungen und stellen Sie sich auf ähnliche Kritik in der Zukunft ein.
- Gestalten Sie das, was Sie mitteilen wollen, so, dass es Menschen mit einer anderen Sicht der Dinge erreicht.
- Identifizieren Sie Ihre Zielgruppe eindeutiger.
- Passen Sie sich an, wenn das nötig ist.

Natürlich möchte ich Kritik, die schmerzhaft oder gedankenlos ist, nicht entschuldigen. Wenn Sie negatives Feedback geben müssen, tun Sie das respekt- und taktvoll. Das ist nicht nur netter, es führt auch zu besseren Ergebnissen. (Mehr darüber weiter hinten in diesem Buch.)

Aber wenn Sie derjenige sind, der kritisiert wird, haben Sie nicht die Wahl. Denken Sie daran, dass Feedback wie ein frisch geförderter Diamant ist: Er sieht vielleicht nicht hübsch aus, aber das Potenzial ist da. Nun gilt es, zu schneiden und zu schleifen, zu lernen und zu wachsen.

Negatives in Positives verwandeln

Um von negativem Feedback zu profitieren, muss Ihnen bewusst sein, dass alles, was Sie als Bedrohung empfinden, Ihre Amygdala aktiviert und damit den normalen Entscheidungsprozess aushebelt. Das kann sich auf unterschiedliche Weise manifestieren: Vielleicht reagieren Sie angespannt und hören nicht mehr zu. Oder Sie fangen automatisch an, sich zu rechtfertigen und zu begründen, was Sie gesagt oder getan haben. Vielleicht versuchen Sie sogar, das Problem herunterzuspielen oder jemand anderem die Schuld zuzuschieben.

Damit ist niemandem gedient. Aber wie können Sie Ihre Gefühle daran hindern, Ihnen in die Quere zu kommen?

Entscheidend ist, dass Sie sich daran gewöhnen, Kritik nicht als persönlichen Angriff zu sehen, sondern als Lernchance.

Wenn Sie negatives Feedback erhalten, sollten Sie sich auf diese beiden Fragen konzentrieren:

- Was kann ich ohne Rücksicht auf meine persönlichen Gefühle aus dieser anderen Perspektive lernen?
- Wie kann mir dieses Feedback dabei helfen, besser zu werden?

Wenn Sie sich über diese Fragen Gedanken machen, setzen Sie Ihre Zeit und Energie produktiv sein. Ja, Sie entwickeln aus einer potenziell negativen Situation eine positive Erfahrung – die Chance zu lernen und weiterzukommen.

Zugegeben, das ist am Anfang nicht einfach. Ihre natürliche Reaktion auf Kritik ist vermutlich eher aggressiv, der Wunsch zurückzuschlagen – eine Gewohnheit, die sich über Jahre entwickelt hat. Aber wenn Sie sich die Zeit nehmen, diese Fragen zu beantworten, können Sie aus der Situation – selbst Stunden nach dem Feedback – etwas lernen. Und wenn Sie das immer wieder tun, werden Sie feststellen, dass Ihre natürliche Reaktion auf Kritik sich allmählich verändert.

Ich musste das am eigenen Leib erfahren. In einer frühen Führungsposition, vor vielen Jahren, erlebte ich ein Gespräch, das ich niemals vergessen werde. Ich wies einen Mitarbeiter zurecht, der etwas falsch gemacht hatte – nennen wir ihn David. Ich war im Recht, aber ich hätte die Kritik wohl besser formulieren können.

Davids Reaktion war schnell und beißend: „Wissen Sie, Sie sind die Art Manager, die wir alle hassen."

Das tat weh.

Natürlich hätte David diese Nachricht taktvoller übermitteln können, aber darum ging es nicht. In seiner Sicht der Dinge lag durchaus etwas Wertvolles. Ich nahm mir seine Worte zu Herzen, fragte ihn, warum er dieses Gefühl hatte, und lernte aus seiner Ehrlichkeit. Am Ende wurde ich so ein besserer Manager – und zeigte David, dass ich nicht der Idiot war, für den er mich hielt.

Ich muss Sie aber warnen: Denken Sie nicht exzessiv über negatives Feedback nach.

Das zu tun, kann lähmend sein oder dazu führen, dass man sich von den Kommentaren der ewigen Schwarzmaler zu Boden ziehen lässt – bis man sich nicht mehr traut, weiterzumachen und praktisch aufgibt. Man verliert die eigenen Prioritäten und Werthaltungen aus dem Blick. Oder man beschäftigt sich so intensiv damit, den anderen zu zeigen, dass sie falsch liegen, dass man die eigenen Stärken aus dem Blick verliert und Zeit und Kraft darauf verschwendet, jemand zu sein, der man nicht ist.

Wenn andere uns auf unsere potenziellen Schwächen hinweisen, sollte das Ziel darin bestehen, zu lernen und weiterzumachen. Das meiste Feedback, das wir von anderen erhalten, ist subjektiv, auch das sollten Sie nicht vergessen. Außerdem kann es in Zeiten geringer Selbstachtung wohltuend sein, sich mehr auf das zu konzentrieren, was man richtig macht, als auf die Verbesserung von Schwächen.

Und schließlich gibt es bestimmte Situationen, in denen Sie die Kritik der anderen komplett ausblenden sollten. Wenn Sie den Eindruck gewinnen, dass jemand versucht, Ihnen zu schaden oder Ihr Selbstwertgefühl zu zerstören, sollten Sie gar nicht weiter darüber nachdenken. Stattdessen holen Sie sich Ihr Feedback von Menschen, denen Sie vertrauen und von denen Sie wissen, dass ihnen Ihr Wohlergehen am Herzen liegt.

Lob richtig einschätzen

Wenn man kritisiert wird, ist es entscheidend wichtig, die eigenen Gefühle im Griff zu behalten. Aber wie sieht es aus, wenn man gelobt wird?

Es hat unglaublich viele Vorteile, anderen ein gezieltes, ehrliches Lob auszusprechen. Darum soll es weiter unten im Einzelnen gehen. Wer gelobt wird, kann so seine Stärken erkennen, Selbstwertgefühl und Vertrauen in die eigenen Fähigkeiten aufbauen – und er bekommt Motivation.

Aber es kann auch gefährlich sein, wenn man „gebauchpinselt" wird. Wer seinen Gefühlen nach einem großen Lob freien Lauf lässt, überschätzt vielleicht die eigenen Fähigkeiten, wird nachlässig, unbesonnen oder sogar arrogant. Möglicherweise beginnt er, auf andere herabzusehen oder entwickelt eine Anspruchshaltung.

> Beispielsweise haben niederländische Forscher 2015 eine Studie veröffentlicht, die zeigt, dass Kinder, die von ihren Eltern über den grünen Klee gelobt werden, eher narzisstische Züge entwickeln. „Menschen mit einem hohen Selbstwertgefühl denken, sie sind genauso gut wie die anderen, während Narzissten glauben, sie seien besser", sagt Brad Bushman, Co-Autor der Studie und Professor für Kommunikation und Psychologie an der Ohio State University.[32]

Sie sollten auch überlegen, ob all die Bewunderung, die Ihnen zuteilwird, authentisch oder durch Hintergedanken motiviert ist. Während Lob meist aus dem ehrlichen Bedürfnis entsteht, Wertschätzung zu zeigen, ist Schmeichelei häufig durch Eigennutz motiviert. „Besonders verbreitet ist die Form der Manipulation, die als Schmeichelei daherkommt. Sie ist auch besonders gefährlich", schreibt Führungsberater Mike Myatt in seinem Bestseller *Hacking Leadership*. „Ein altes Sprichwort besagt, mit Schmeichelei könne man einfach alles erreichen – und das Problem ist, dass diejenigen mit weniger aufrichtigen Motiven das nicht nur glauben, sondern auch danach handeln. Die Faulen, die Machthungrigen, die Gierigen, die Schmarotzer, die Psychopathen und die Soziopathen, sie alle wissen, dass Schmeichelei *nicht* harmlos ist. Ganz im Gegenteil. Ihnen ist klar, dass man durch Schmeichelei Einfluss nehmen kann. Man kann korrumpieren, hintergehen, untergraben, betrügen

… Manipulation in Form von Schmeichelei ist nichts weiter als eine verdeckte Form der Aggression.“[33]

Wer die Schmeichelei liebt, ist des Schmeichlers würdig.

William Shakespeare, Timon von Athen

Hüten Sie sich also vor Menschen, die nur diejenigen loben, die ihnen nützen. Stattdessen sollten Sie Lob und Beifall als Werkzeuge schätzen, um Ihre Stärken zu erkennen und darauf aufzubauen. Gleichzeitig dürfen Sie nicht vergessen, dass jede Fähigkeit oder Begabung, jedes Talent, das Sie besitzen, das Ergebnis von etwas ist, das Sie von anderen erhalten haben. So widerstehen Sie der Versuchung, sich allzu sehr aufzublasen oder auf einen Podest zu stellen, der im Zweifel nur die Fallhöhe vergrößert.

Das nächste Mal, wenn jemand Sie lobt, danken Sie höflich und stellen sich später die folgenden Fragen:

- Was kann ich aus dieser Anerkennung lernen? Wie kann ich das wiederholen, was ich richtig gemacht habe?
- Wer hat mir geholfen, diese Leistung zu erbringen? Kann ich ihm meinerseits danken oder ihn auch loben?
- War das Lob dieses Menschen aufrichtig oder handelte es sich um den Versuch, mir zu schmeicheln oder etwas anderes dafür zu erhalten?

Wie Sie das Feedback bekommen, das Sie brauchen

„Mir ist klar, dass ich Feedback brauche, um mich weiterzuentwickeln“, sagen Sie. „Aber was mache ich, wenn mir niemand Feedback gibt?“

Es gibt jede Menge Gründe, warum es schwierig sein kann, an wertvolles Feedback zu gelangen. Auf der Arbeit erachten Ihr Chef und Ihre Kollegen diese Art von Kommunikation vielleicht für unwichtig. Oder sie finden die Vorstellung besorgniserregend, wie ihr Gegenüber reagieren könnte. Wenn *Sie* der Chef sind, hat das Team vielleicht Angst vor den Konsequenzen, wenn sie etwas Negatives sagen.

Zu Hause kann fehlendes Feedback nach und nach Ihre Beziehung zerstören. Anstatt längst fällige Gespräche zu führen, ziehen es viele Familienmitglieder vor, Stunden mit einem Buch, vor dem Fernseher oder am Handy oder Tablet zu verbringen. Sie liegen oder sitzen gar nicht weit von Ihnen entfernt, aber mit ihren Gedanken sind sie in einer anderen Welt.

Dabei gibt es einen ganz einfachen Weg, an das Feedback zu gelangen, das Sie brauchen: Fragen Sie danach.

Keiner von uns tut das so häufig, wie es nötig wäre. Wann haben Sie beispielsweise Ihren Partner, Ihr Kind oder Ihren Kollegen das letzte Mal gebeten, Ihnen zu sagen, was sie an Ihnen schätzen? Oder auf etwas hinzuweisen, das der Verbesserung bedarf? Natürlich braucht es Mut, eine solche Frage zu stellen … aber bedenken Sie, was Sie mit der Antwort anfangen können!

Wenn Sie regelmäßig um Feedback bitten, neigen andere Menschen eher dazu, Ihnen zu sagen, was sie wirklich denken – was Ihre Lernchancen erhöht. Und es gibt noch einen Vorteil, einen verborgenen. In der Regel haben die meisten Menschen eine hohe Meinung von demjenigen, der regelmäßig um Feedback bitten.

„Jemand, der um Hinweise bittet, wird das, was ich sage, vermutlich eher ernst nehmen und danach handeln", schreiben Sheila Heen und Douglas Stone, die Co-Autoren von *Thanks for the Feedback: The Science and Art of Receiving Feedback Well*. „Außerdem finden Sie, wenn Sie um Feedback bitten, nicht nur heraus, wie die anderen Sie sehen, sondern Sie *beeinflussen* auch, wie Sie gesehen werden. Wer sich um konstruktive Kritik bemüht, signalisiert Bescheidenheit, Respekt, Leistungswillen und Selbstvertrauen gleichzeitig."[34]

Natürlich findet Kommunikation immer in beiden Richtungen statt. Sie müssen diesen Leuten genauso sagen, was Sie an ihnen schätzen, und welche Ihrer Bedürfnisse von ihnen nicht erfüllt werden. (Mehr über diese Art Feedback in Kapitel 7.)

Aber ist es wirklich so einfach? Muss man bloß um hilfreiches, effektives Feedback bitten, und das war's?

Weil die Bitte um direktes Feedback zu großen Entdeckungen führen kann, müssen Sie über Ihre Technik nachdenken.

Heen und Stone raten, keine unbestimmten Fragen zu verwenden. Etwa: „Haben Sie Feedback für mich?" Besser ist es, die Frage zu präzisieren. Beispielsweise könnten Sie auf der Arbeit Ihren Chef, einen Kollegen oder einen direkten Vorgesetzten fragen: „Von welcher einen Sache, die ich tue oder nicht tue, glauben Sie, dass sie mich daran hindert, weiterzukommen?"

In einem anderen Interview spricht Heen sich dafür aus, die gleiche Technik anzuwenden, um die eigene Leistung in einer bestimmten Situation zu bewerten. Beispielsweise kann man fragen: „Welche eine Sache hätte ich in dem Meeting oder bei der Präsentation besser machen können?"[35]

„Jene Person nennt vielleicht die erste Verhaltensweise, die ihr in den Sinn kommt, oder aber die wichtigste auf ihrer Liste", schreiben die Autoren. „In beiden Fällen erhalten Sie konkrete Informationen und können um Details bitten, wenn Ihnen der Sinn danach steht."

Zu Hause können Sie Ihren Partner oder ein anderes Familienmitglied fragen: „Welche eine Sache könnte ich in unserer Beziehung besser machen? Was glaubst du? Vielleicht eine schlechte Angewohnheit, die ich ändern soll, oder eine Situation, mit der ich anders umgehen sollte?"

Die Frage überrascht Ihren Gesprächspartner vielleicht. Geben Sie der anderen Person also Gelegenheit, darüber nachzudenken und dann erst zu antworten. Natürlich müssen Sie sich für das wappnen, was auf Sie zukommt. Aber weil Sie ja um Feedback bitten, fällt es leichter, das Ziel im Auge zu behalten: Sie wollen sich selbst oder die Beziehung verbessern.

Wie große Organisationen von Feedback profitieren

Alle Firmen sagen, sie schätzen Transparenz und Ehrlichkeit. Die meisten lügen.

Eine wirklich transparente Firma – eine, die sich um offene und ehrliche Kommunikation unter ihren Angestellten bemüht – ist schwer zu finden. Stattdessen begegnen Sie in den meisten Organisationen einem komplizierten Gespinst von Bürointrigen. Angestellte haben nur begrenzten Zugang zu Managern und Teamleitern. Wer Zugang hat, zögert häufig, Kritik zu äußern, aus Angst, auf Ablehnung zu stoßen, heruntergestuft oder sogar entlassen zu werden.

Wenn Sie eine Führungsposition innehaben, finden Sie hier eine Methode in zwei Schritten, um in Ihrer Organisation für Transparenz zu sorgen:

1. Liefern Sie den Beweis – belohnen Sie ehrliches Feedback

Anstatt Echokammern zu bauen und Gruppendenken zu fördern, sollten Sie Ihre Mitarbeiter ermutigen, kritische Standpunkte zu vertreten – und sie dafür belohnen. In manchen Firmen gibt es eine „Ideenbox" (real oder virtuell) für Verbesserungsvorschläge. Wird eine Idee umgesetzt, erhält der Betreffende eine Prämie oder einen anderen Bonus.

2. Achten Sie auf den Inhalt, nicht auf die Form

Wenn Sie derjenige sind, an dem Kritik geübt wird, halten Sie sich nicht mit der Form der Mitteilung auf.

Der langjährige Mitarbeiter einer großen Firma machte Schlagzeilen, als er bei seinem Ausscheiden ein besonders kritisches Interview gab – und es per E-Mail an viele Tausend Angestellte versandte. Der Vorstandschef der Firma schalt den Angestellten und sagte später: „Ich hätte diese Kritik gern auf konstruktivere Weise bekommen, weil sie nicht ungerechtfertigt ist. Vielleicht hätte ich häufiger kommunizieren sollen? Das ist ein berechtigter Hinweis."[36]

Denken Sie immer daran: Selbst wenn negatives Feedback unbegründet ist, erlaubt es Ihnen einen Einblick in die Sichtweise der anderen.

Wenn Sie also ein Manager oder eine Führungsperson sind, ermutigen Sie Ihre Angestellten zu sagen, was sie denken, als sei es ihr letzter Arbeitstag.

Die Diamanten finden

Niemand hört gern, dass er falsch liegt. Aber genau wie es Geschick und Einsicht braucht, um die exquisite Schönheit eines Rohdiamanten zu erkennen, müssen Sie bei den Kommentaren ihrer Gesprächspartner unter die Oberfläche schauen, um den wahren Wert zu erkennen.

Externes Feedback erlaubt Ihnen, sich aus der Perspektive der anderen zu sehen. So verstehen Sie Ihre Stärken besser und können sie maximieren – und Sie identifizieren Ihre Schwächen, um sie direkt anzugehen.

Walt Disney hat es einmal so ausgedrückt: „Vielleicht merkt man es nicht, wenn es gerade passiert, aber ein Schlag ins Gesicht kann für einen das Beste überhaupt sein."

Weil sie Feedback brauchen, laden die erfolgreichsten Firmen der Welt Berater ein und Wissenschaftler geben ihre Forschungsergebnisse an Kollegen weiter, mit der Bitte um Besprechung. Darum beachtet ein Weltklassekoch wie Thomas Keller eine harsche Kritik. Und deswegen haben auch die begabtesten Sportler der Welt einen Coach.

Die Fähigkeit, mit Feedback effektiv umzugehen, ist von entscheidender Bedeutung, weil Sie so Ihren Horizont erweitern und aus den Erfahrungen der anderen lernen können. Das gilt unabhängig von Ihrem Alter oder Geschlecht und egal in welcher Rolle Sie sich befinden – ob Sie Partner oder Elternteil sind, CEO oder Neuling in der Firma.

Wenn also jemand willens ist, seine Gedanken zu teilen, sollten Sie das als Geschenk betrachten. Verarbeiten Sie es. Denken Sie darüber nach. Akzeptieren Sie es. Lernen Sie daraus. Egal ob es negativ oder positiv ist, lassen Sie sich davon nicht definieren. Nehmen Sie mit, was Sie mitnehmen können, und ziehen Sie weiter.

Und denken Sie daran: Auch wenn es uns normalerweise zu Gleichgesinnten hinzieht, sind es diejenigen, die nicht mit uns übereinstimmen – diejenigen, die uns provozieren, uns auf Schwächen und Fehler hinweisen –, die uns weiterbringen. Wer uns herausfordert und infrage stellt, sorgt dafür, dass wir besser werden.

Kapitel 5

Die Wahrheit über Empathie

Die Guten, die Schlechten und die Missverstandenen

• • • • •

»Verurteilen Sie einen Menschen erst, wenn Sie eine Meile in seinen Schuhen gelaufen sind.«

Anonym

2008 plante ich die Hochzeit mit der Liebe meines Lebens, sie lebte in Deutschland. Das Leben war herrlich.

Ich hatte zehn Jahre bei einer gemeinnützigen Organisation in New York verbracht; ich liebte meine Arbeit und sollte eine neue Position übernehmen. Aber mit der Planung unseres gemeinsamen Lebens veränderte sich meine Situation. In meinem Büro mussten Stellen abgebaut werden. Mein Arbeitsplatz war nicht mehr sicher und meine Verlobte und ich begannen ernsthaft über einen Umzug nach Deutschland zu reden. Wir beschlossen, wenn ich die nächste Runde der Einsparungen überstehen würde, würde sie zu mir nach New York kommen. Wenn nicht, müsste ich umziehen.

Man sagte mir, in vier bis sechs Wochen würde ich einen Brief mit der endgültigen Entscheidung erhalten.

Sechs Wochen kamen und gingen. Dann sieben.

Und acht.

Neun …

Ich war mir nicht sicher, wie lange ich die Anspannung noch aushalten würde. Mittlerweile war es mir sogar egal, wenn sie mich nicht weiter beschäftigen würden; ich wollte nur *irgendeine* Antwort haben. Ich rief in der Personalabteilung an und versuchte, etwas herauszufinden – ohne Erfolg.

Schließlich beschloss ich, einen anderen Weg einzuschlagen.

Ich schrieb eine E-Mail direkt an Mr. Pierce, den Leiter der Personalabteilung, der auch in der Geschäftsführung war. Meine E-Mail war respektvoll, aber direkt. Ich erläuterte meine Situation und erwähnte, dass ich in Kürze nach Deutschland reisen würde, um meine Verlobte zu treffen. Ich beschrieb, wie schön es wäre, den Brief mit ihr zusammen zu öffnen.

Unsere Organisation umfasste zu jener Zeit ungefähr 6000 Mitarbeiter, und ich hatte Mr. Pierce nie kennengelernt. Mir war also klar, dass meine E-Mail vielleicht in seinem Eingangskorb untergehen würde.

Aber nach den längsten zweieinhalb Monaten meines Lebens dauerte es nach dem Absenden der Nachricht nur zwei Tage bis zur Entscheidung.

Wenige Tage, nachdem ich die E-Mail abgeschickt hatte, stieg ich ins Flugzeug – und keine zwölf Stunden später öffnete ich zusammen mit meiner Verlobten den Brief.

„Du wirst New York lieben", sagte ich zu ihr.

Leicht herbeizuwünschen, schwer zu beweisen

Als Mr. Pierce damals, vor so vielen Jahren, die E-Mail las, sah er darin mehr als die Anfrage eines beliebigen jungen Managers. Er las von den Sorgen und Nöten eines Mitarbeiters. Mir war mein Anliegen wichtig, also war es ihm auch wichtig.

Dieses Beispiel hilft, die Qualität der Empathie verstehen, jener Fähigkeit, die es ermöglicht, Dinge aus der Perspektive des anderen zu sehen und zu fühlen.

Häufig hören wir, die Welt brauche mehr Empathie. Und Sie kennen das bestimmt: Ein Manager, der sich nicht in die Probleme seines Teams hineinversetzen kann und umgekehrt. Ehemänner und Ehefrauen, die einander nicht mehr verstehen. Ein Elternteil, das nicht mehr weiß, wie das Leben als Teenager war ... und ein Teenager, der nicht wahrnimmt, welche Sorgen seine Eltern sich machen.

Oder schauen Sie sich online die Kommentare zu einer beliebigen Geschichte an. Sie finden Dutzende Menschen, wenn nicht Hunderte, die Personen angreifen, die sie überhaupt nicht kennen. Dabei geht es nicht um das Austragen von Meinungsverschiedenheiten; da wird einfach ein Schwall von Beleidigungen, Beschimpfungen, sogar Bedrohungen über den Betreffenden ausgeschüttet.

Wenn wir alle doch so gern wollen, dass andere die Dinge aus unserer Perspektive sehen, warum fällt es uns dann so schwer, umgekehrt das Gleiche zu tun?

In diesem Kapitel lernen Sie, warum Empathie häufig missverstanden wird, und Sie lernen die Herausforderung kennen, die es bedeutet, Empathie zu entwickeln. Wir schauen uns an, wie Empathie Ihnen ganz praktisch im Alltag helfen kann – und wie sie einen verletzen kann. Schließlich skizzieren wir praktische Schritte, wie Sie das richtige Maß an Empathie finden – um Ihre Beziehungen zu stärken und bei den meisten Aufgaben noch effektiver zu werden.

Was Empathie ist (und was sie nicht ist)

Im Englischen gibt es das Wort „Empathie“ seit ungefähr einem Jahrhundert.[37] Die Ursprünge dieses Konzepts liegen jedoch deutlich weiter in der Vergangenheit.

Der chinesische Philosoph Konfuzius, der vor über 2500 Jahren lebte, lehrte, man solle „niemals einem anderen antun, was man für sich selbst nicht wünscht.“ Hunderte Jahre später wurden jene Christen, die im ersten Jahrhundert das Neue Testament lasen, ermutigt: „Freut euch mit den Fröhlichen und weint mit den Weinenden“ (Römer 12,15). Und „seid voll Mitgefühl und Liebe zueinander“ (1. Petrus 3,8).

Heute gibt es verschiedene Definitionen der Empathie, abhängig davon, wen man fragt. Aber die meisten würden dem Folgenden doch mehr oder weniger zustimmen: Empathie ist die Fähigkeit, die Gedanken und Gefühle eines anderen zu verstehen und zu teilen.

Um Empathie zu empfinden und zu zeigen, muss man nicht notwendig die Erfahrungen und Lebensumstände des anderen teilen. Vielmehr ist Empathie der Versuch, einen anderen Menschen besser zu verstehen, indem man sein Perspektive einnimmt.

Die Psychologen Daniel Goleman und Paul Ekman untergliedern das Konzept der Empathie in die folgenden drei Kategorien:[38]

Kognitive Empathie ist die Fähigkeit, zu verstehen, wie ein Mensch fühlt und was er vielleicht denkt. Kognitive Empathie macht uns zu besseren Kommunikatoren, weil sie uns hilft, Informationen so weiterzugeben, dass sie den anderen bestmöglich erreichen.

Emotionale Empathie (oder affektive Empathie) ist die Fähigkeit, die Gefühle eines anderen zu teilen. Manche sprechen von „deinem Schmerz in meinem Herzen". Diese Art von Empathie unterstützt uns dabei, emotionale Verbindungen zu anderen aufzubauen.

Empathische Zuwendung (oder empathische Sorge) geht darüber hinaus, andere nur zu verstehen und ihre Gefühle zu teilen. Sie bewegt uns zum Handeln, zum Helfen, soweit es uns eben möglich ist.

Um zu illustrieren, wie diese drei Arten von Empathie zusammenwirken, stellen wir uns einen Freund vor, der kürzlich ein Mitglied seiner Familie verloren hat. Die naheliegende Reaktion ist Sympathie, Mitgefühl oder Trauer. Aus Sympathie sprechen Sie ihm Ihr Beileid aus oder Sie schicken vielleicht eine Karte – und Ihr Freund freut sich darüber.

Empathie zu zeigen, kostet vergleichsweise mehr Zeit und Mühe. Das beginnt schon bei der kognitiven Empathie: Stellen Sie sich vor, was diese Person jetzt durchmacht. Wen hat er oder sie verloren? Wie nah stand dieser Mensch Ihrem Freund? Einmal abgesehen von den Gefühlen wie Schmerz und Verlust – wie wird sich sein Leben jetzt ändern?

Empathie bedeutet, dass ich deinen Schmerz in meinem Herzen spüre.

Die emotionale Empathie hilft Ihnen, die Gefühle Ihres Freundes nicht nur zu verstehen, sondern sie zu teilen. Sie bemühen sich, eine Beziehung zu einer eigenen Erfahrung von tiefem Schmerz und großer Trauer herzustellen. Vielleicht erinnern Sie sich, wie es sich angefühlt hat, als Sie selbst jemanden verloren haben, oder Sie stellen sich vor, wie es sich anfühlen *würde*, falls Sie die Erfahrung noch nicht gemacht haben.

Schließlich veranlasst Sie die empathische Sorge, aktiv zu werden. Vielleicht bereiten Sie eine Mahlzeit zu, damit Ihr Freund sich nicht ums Essen kümmern muss. Sie bieten an, erforderliche Telefongespräche zu übernehmen – oder einen Teil der Hausarbeit. Vielleicht gehen Sie hinüber und sind einfach da, damit er nicht allein ist, oder wenn er allein sein möchte, nehmen Sie die Kinder mit und betreuen sie eine Weile.

Dies ist nur ein Beispiel, wie Empathie funktioniert. Jeder Tag bringt neue Gelegenheiten, diesen Charakterzug zu entwickeln. Ja, jede Interaktion mit einem anderen Menschen ist eine Chance, die Dinge aus einer anderen Perspektive zu sehen, Gefühle zu teilen und zu helfen.

Kognitive Empathie entwickeln

Aus der Perspektive eines anderen Menschen zu denken und zu fühlen, ist nicht einfach. Bewegungen oder Gesichtsausdrücke können leicht falsch verstanden werden, ein Lächeln kann Freude oder Überschwang bedeuten, aber auch Trauer signalisieren – oder viele andere Gefühle. Wer kognitive Empathie aufbauen will, muss begründete Vermutungen hegen. Die folgenden Übungen können Ihnen dabei helfen.

Sie haben ständig mit anderen Menschen zu tun – auf der Arbeit, zu Hause, selbst wenn Sie einkaufen gehen oder etwas erledigen. Ehe Sie mit einer anderen Person in Kontakt treten, fragen Sie sich, was Sie über ihren Blickwinkel wissen. Beispielsweise:

- Wie alt ist die Person? Wie ist ihre Familiensituation?
- Wo ist sie aufgewachsen? Wie ist ihre Vorgeschichte?
- Was ist ihr Beruf?
- Wie ist ihre Gesundheit?
- Wer sind ihre Freunde? Wen bewundert sie? Was hat sie für Ziele, Wünsche und Bedürfnisse?
- Was weiß sie über das Thema, das wir besprechen wollen? Was weiß sie nicht? Wie steht sie gefühlsmäßig dazu?
- Wie würde ich mich an ihrer Stelle fühlen?
- Inwiefern denkt oder fühlt sie anders als ich?
- Wie wird sie voraussichtlich auf das reagieren, was ich sage?

Ganz egal, wie effizient Sie diese Fragen beantworten – Ihre Interpretation der Stimmung, des Verhaltens oder des Denkens eines anderen Menschen wird in jedem Fall von Ihren Vorerfahrungen beeinflusst. Sie müssen sich also darüber im Klaren sein, dass Sie mit Ihrer instinktiven Einschätzung vielleicht falsch liegen. Das ist auch der Grund, warum Sie sich nach der Begegnung mit einem anderen Menschen Zeit nehmen müssen, um darüber nachzudenken. Etwa wie folgt:

- War es eine gute Begegnung? Warum, warum nicht?
- War die Reaktion so, wie ich erwartet hatte? Was hat mich überrascht?
- Was hat meinem Gegenüber gefallen, was nicht?
- Was habe ich über die andere Person gelernt?

Denken Sie über jedes Feedback Ihres Gesprächspartners nach, egal ob es Sie schriftlich, verbal oder durch Körpersprache erreicht hat. Nur so können Sie aus der Erfahrung lernen und andere mit ihren Persönlichkeiten besser verstehen – und auch verstehen, wie Sie mit Ihren Gedanken und Ihrer Gesprächsführung wahrgenommen werden.

Was unserer Empathie im Wege steht

Wir wünschen uns, dass jeder, mit dem wir zu tun haben, unsere Sicht der Dinge und unsere Gefühle berücksichtigt. Aber warum verhalten wir uns umgekehrt häufig nicht so? Zum einen kostet es Zeit und Mühe zu verstehen, wie andere fühlen und warum sie so fühlen. Und ehrlich gesagt, sind es nicht viele Menschen, für die wir diese Mühe auf uns nehmen wollen.

Aber selbst wenn wir motiviert sind, Empathie zu zeigen, ja, sogar dann, wenn wir glauben, wir zeigten Empathie, ist unsere Vorstellung vielleicht nicht so präzise, wie wir denken.

In seinem Bestseller *Geben und Nehmen* beschreibt der Organisationspsychologe Adam Grant ein Experiment, dass von Loran Nordgren, Psychologin an der Nothwestern University, durchgeführt wurde. Darin sagten die Teilnehmer voraus, wie schmerzvoll es sein würde, fünf Stunden in einem eiskalten Raum zu sitzen. Die erste Gruppe traf ihre Voraussage mit einem Arm in einem Eimer Warmwasser. Die Teilnehmer einer zweiten Gruppe hielten den Arm dabei in Eiswasser.

Wie Sie vielleicht erwarten würden, rechneten diejenigen, die den Arm in kaltes Wasser hielten, mit dem höheren Schmerz.

Aber es gab noch eine dritte Gruppe, die auch einen Arm in Eiswasser steckte. Dann nahmen diese Teilnehmer den Arm wieder heraus und warteten zehn Minuten, ehe sie ihre Einschätzung abgaben.

Das Ergebnis? Ihre Voraussage war identisch mit derjenigen der Warmwassergruppe.

Die dritte Gruppe hatte erst zehn Minuten zuvor die eiskalten Temperaturen gespürt, aber sobald der Schmerz nachließ, konnten sie sich nicht mehr wirklich daran erinnern.

Psychologen nennen das eine Empathie- oder Wahrnehmungslücke. „Solange wir einen psychologisch oder körperlich intensiven Zustand nicht wirklich erfahren", erläutert Grant, „unterschätzen wir in dramatischer Weise, wie stark er uns betrifft."[39]

Die Empathielücke erklärt, warum Ärzte meist daneben liegen, wenn sie versuchen, bei einem Patienten die Schmerzintensität einzuschätzen, oder warum wir es so schwierig finden, uns in die Lage unseres Ehepartners oder eines Familienmitglieds zu versetzen. Wir tendieren sogar dazu, unser eigenes Verhalten und unsere Vorlieben falsch einzuschätzen, je nach dem Zustand, in dem wir uns gerade befinden. Und wenn wir eine ähnliche Situation erlebt haben wie die Person, mit der wir mitempfinden wollen, glauben wir, dass wir mit den entsprechenden Umständen besser umgegangen sind, als es der Fall war.

Der Psychologe und Verhaltensökonom George Loewenstein hat diese Lücken in unserer Wahrnehmung jahrelang studiert und weiß, wie sie uns außerdem beeinflussen: Wir halten uns für übertrieben willensstark. „Wenn wir mit unseren Lastern zu tun haben, sind wir kurzsichtig, impulsiv und erbringen lächerliche Opfer, um sie zu befriedigen", sagte Loewenstein in einem Interview. „Aber wenn wir sehen, wie andere Leute ihren schlechten Gewohnheiten erliegen, denken wir: Wie erbärmlich!"[40]

Vor einiger Zeit habe ich das aus erster Hand erlebt.

Jahrelang hatte meine Frau eine Angewohnheit, die mir auf die Nerven ging wie keine andere. Sie nahm den Küchenmüll mit nach draußen und ersetzte die Tüte im Eimer nicht. Ich hasste es über die Maßen, wenn ich dann mit händeweise Müll vor dem Eimer stand, nur um festzustellen, dass keine Tüte darin war. Ich bat und argumentierte – ohne Erfolg. Immer hatte sie eine Entschuldigung. Die Kinder hatten sie abgelenkt oder sie musste schnell aus dem Haus.

Wie kann sie nur so rücksichtslos sein? dachte ich bei mir. *Ist ihr meine Bitte einfach egal? Sind ihr meine Gefühle nicht wichtig?* Ich konnte es einfach nicht verstehen.

Doch eines Tages kam die Offenbarung.

Meine Frau kann es ebenso wenig ausstehen, wenn ich den Abendbrottisch verlasse, ohne den Teller mit in die Küche zu nehmen. Im Lauf der Jahre hat sie mich bestimmt tausendmal gebeten, den Teller direkt nach dem Essen wegzuräumen, damit ich es nicht vergesse. Meist reagierte ich mit der Zusicherung, dass ich es „gleich" machen würde.

Eines Abends kam ich eine Stunde nach dem Essen am Esstisch vorbei. Er war vollständig leergeräumt – bis auf einen schmutzigen Teller, der dort stand.

In dem Moment begriff ich: Ich war genauso schuldig wie meine Frau.

Ich bat um Entschuldigung für meine Angewohnheit, schmutzige Teller auf dem Tisch stehenzulassen, und gelobte Besserung. Ich kümmerte mich wirklich darum, und meiner Frau fiel das auf. So sehr, dass sie selbst eine Veränderung vornahm: Ja, richtig, sie begann die Mülltüte zu ersetzen.

Vielleicht halten Sie das für ein triviales Beispiel. Dabei ging es um viel mehr als um ein paar Aufgaben im Haushalt.

Es ist wichtig, Empathie- oder Wahrnehmungslücken zu erkennen. Wenn zu Hause oder am Arbeitsplatz die Empathie fehlt, verschlechtern sich nämlich die Beziehungen. Beide Seiten fragen sich: *Wie kann jemand bloß so etwas denken oder tun*? Man bleibt auf die Schwächen des anderen fixiert und versäumt es, nach einem Weg zur Belebung der Beziehung zu suchen. Das Ergebnis ist eine mentale oder emotionale Pattsituation: Keiner will nachgeben, Probleme werden nicht gelöst und die Situation erscheint immer auswegloser.

Ergreift man in diesem Moment die Initiative und zeigt Empathie, kann der Teufelskreis durchbrochen werden.

Wenn ein Mensch sich verstanden fühlt, ist es wahrscheinlicher, dass er seinerseits genauso reagiert und versucht, die andere Seite zu verstehen. Mit der Zeit entwickelt sich aus so einem Austausch eine vertrauensvolle Beziehung, bei der beide Parteien motiviert sind, dem anderen einen Vertrauensbonus einzuräumen und kleine Fehler zu verzeihen.

Immer geht es dabei um die Frage: Wie kann ich diese Dinge mit den Augen der anderen Person sehen?

Dazu müssen Sie daran arbeiten, eigene Vorurteile und beschränkte Sichtweisen zu erkennen. Sie können trotzdem auf eigene Erfahrungen zurückgreifen, aber Sie müssen darüber hinausgehen.

Das nächste Mal, wenn Sie sich bemühen, etwas aus der Sicht einer anderen Person zu sehen, denken Sie an Folgendes:

- Sie haben nicht den Gesamtüberblick. Ein anderer Mensch hat immer mit vielen Dingen zu tun, die Ihnen nicht bekannt sind.
- Die Art und Weise, wie Sie über eine Situation denken, kann sich von einem Tag auf den anderen ändern, abhängig von verschiedenen Dingen, etwa Ihrer aktuellen Stimmung.
- Wenn Sie emotional gestresst sind, verhalten Sie sich möglicherweise völlig anders, als Sie erwarten würden.

Behalten Sie diese Dinge im Kopf. Das beeinflusst, wie Sie die andere Person sehen und mit ihr umgehen. Und weil wir alle mal unsere Schwierigkeiten haben, ist es nur eine Frage der Zeit, bis Sie selbst ein ähnliches Maß an Verständnis brauchen.

Die nächste Ebene

Um kognitive Empathie zu entwickeln, ist es wichtig, Wahrnehmungslücken zu schließen und eine Beziehung zu den Erfahrungen anderer Menschen herzustellen. Nur so erwerben Sie die Fähigkeit, zu verstehen, was eine Person denkt und fühlt.

Um emotionale Empathie zu erwerben, müssen Sie noch weitergehen. Das Ziel ist, tatsächlich die Gefühle der anderen Person zu teilen, was zu einer tiefen Verbindung führt.

Da ist zum Beispiel Ray mit seiner kleinen Firma.

Vera, Rays Büroleiterin, hat ihm kürzlich erzählt, dass sie sich überfordert fühlt. Neben ihrer üblichen Arbeit versucht sie, die Aufgaben einer Angestellten zu übernehmen, die für längere Zeit ausfällt. Sie beschreibt ihre tägliche Routine als „gnadenlos".

Ray hört sich an, was Vera zu sagen hat, und ist zunächst enttäuscht. Bevor seine Büroleiterin in die Firma kam, hat er die Büroarbeit selbst organisiert, er weiß also, wie hart das sein kann. Und er hat noch größere Herausforderungen deutlich länger ertragen.

„Sie braucht sich wirklich nicht zu beklagen", denkt Ray bei sich. „Warum boxt sie sich nicht einfach durch?"

Möglicherweise leidet Ray in dieser Situation an einer Wahrnehmungslücke. Oder aber Vera ist einfach nicht in der Lage, Rays Erwartungen zu erfüllen – zumindest nicht unter den aktuellen Bedingungen.

In jedem Fall gibt diese Situation Ray die Gelegenheit, emotionale Empathie zu zeigen – sich auf Veras Gefühle zu konzentrieren und nicht auf ihre Situation.

Vera sagt, sie fühlt sich überfordert. Also fragt sich Ray: *Wann habe ich mich überfordert gefühlt?*

Er erinnert sich an eine Zeit, als seine Firma noch jung war und er die verschiedensten Dinge – Telefonakquise, Buchführung, Mahnwesen – neben seiner eigentlichen Arbeit selbst tun musste. Damit kam er an seine Grenzen.

Diese Erfahrung erlaubt Ray, eine Beziehung zu Veras Gefühl der Überforderung herzustellen. Indem er das tut, sieht er nicht länger eine Mitarbeiterin, die sich beschwert. Jetzt sieht er eine Frau, die ihre Arbeit gut machen möchte, dabei aber dringend Hilfe braucht.

Diese veränderte Einstellung bewegt Ray dazu, empathische Zuwendung zu zeigen und Vera die benötigte Hilfe zu geben. Beispielsweise kann er sie direkt fragen, ob sie einen Vorschlag hat, wie sich die Situation verbessern lässt. Vielleicht kann er einen Teil ihrer Aufgaben anderen Mitarbeitern übertragen. Oder er bietet ihr an, einen Tag frei zu nehmen, um wieder Kraft zu tanken. Einerseits profitiert Vera unmittelbar von diesen Vorschlägen, andererseits geben ihr seine Bemühungen zusätzliche Motivation und sie tut ihr Bestes.

Natürlich hat nicht jeder Arbeitgeber oder Manager die Möglichkeit, auf diese Weise zu helfen. Aber wenn man sich darum bemüht, mit den Gefühlen der anderen in Kontakt zu treten, versucht man doch zu tun, was man kann.

Emotionale Empathie ist im täglichen Leben so wertvoll, weil sie uns erlaubt, über die unmittelbare gemeinsame Situation hinauszugehen. Sie kann uns helfen, Menschen aus verschiedenen Verhältnissen und Kulturen zu verstehen – oder sie hilft uns, eine Beziehung zu Menschen herzustellen, die an einer Krankheit leiden oder an einer Behinderung, die wir selbst nicht kennen.

Wie entwickeln wir also emotionale Empathie?

Wenn ein Mensch Ihnen von einer persönlich schwierigen Situation berichtet, hören Sie sorgfältig zu. Widerstehen Sie dem Drang, die Person oder die Situation zu beurteilen, den Betreffenden zu unterbrechen und eigene Erfahrungen zu schildern oder eine Lösung vorzuschlagen. Stattdessen konzentrieren Sie sich auf das Wie und das Warum: Wie die Person sich fühlt und warum sie sich so fühlt.

Denken Sie daran, dass individuelle Erfahrungen stark voneinander abweichen, genau wie die Gefühle, die mit diesen Erfahrungen einhergehen.

Deshalb sollten Sie Äußerungen wie die folgenden vermeiden:

- Ich weiß genau, wie du dich fühlst.
- Ich habe das auch schon durchgemacht.
- Ich verstehe das voll und ganz. Ist mir klar.

Stattdessen sagen Sie lieber:

- Es tut mir leid, dass das passiert ist.
- Ich kann mir vorstellen, wie du dich fühlst.
- Danke, dass du mir das mitteilst. Erzähl doch weiter.

Es ist nicht leicht, anderen Menschen Gefühle mitzuteilen. Helfen Sie also der Person, geben Sie ihr ein Gefühl von Sicherheit und danken Sie ihr, weil sie offen und ehrlich ist. Je nach Person (und Situation) können Sie sie ermutigen und beispielsweise fragen: Wie lange geht es Ihnen schon so? Haben Sie so eine Situation schon einmal erlebt? Aber insistieren Sie nicht, damit Ihr Gegenüber sich nicht ausgefragt fühlt.

Vor allen Dingen sollten Sie aber dieser Person – durch Worte und Handlungen – versichern, dass Sie auf ihrer Seite stehen.

Als Nächstes müssen Sie über das Gehörte nachdenken. Wenn Sie verstanden haben, wie die betreffende Person sich fühlt, müssen Sie einen Weg finden, ihre Situation (und ihre Gefühle) nachzuempfinden.

Fragen Sie sich: *Wann habe ich mich so ähnlich gefühlt, wie von diesem Menschen beschrieben?*

Mein Freund und Kollege Dr. Hendrie Weisinger, Autor von *Emotional Intelligence at Work*, hat es in einem Gespräch mit mir perfekt geschildert:

„Wenn jemand sagt: ‚Ich habe die Präsentation vermasselt‘, denke ich nicht daran, wie ich eine Präsentation vermasselt habe – was mir bestimmt schon passiert ist, was mich aber eher kalt lässt. Stattdessen denke ich an eine Situation, in der ich wirklich das Gefühl hatte, etwas Bedeutungsvolles nicht geschafft zu haben – vielleicht eine Prüfung oder etwas anderes, das mir wichtig war. Es ist das Gefühl, etwas vermasselt zu haben, das Sie sich ins Gedächtnis rufen müssen, nicht die Situation als solche."

Selbst wenn die andere Person nicht willens (oder nicht in der Lage) ist, ihre Gefühle mitzuteilen, kann die Fantasie einem helfen, die Beziehung zu managen.

Denken Sie beispielsweise daran, wie sich Ihr Handeln und Ihre Gesprächsführung ändern, wenn Sie krank sind oder stark unter Druck stehen. Wie leicht fällt in solchen Situationen der Umgang mit Ihnen? Sich daran zu erinnern, dass die andere Person sich vielleicht ähnlich fühlt, kann Ihnen helfen, Geduld zu zeigen und aus einer schwierigen Lage das Beste zu machen.

Natürlich werden Sie nie *genau* verstehen können, wie ein anderer Mensch sich fühlt. Aber wenn Sie es versuchen, kommen Sie ihm schon deutlich näher, als wenn Sie es nicht versuchen würden.

Wenn Sie einen Weg gefunden haben, Kontakt zu den Gefühlen Ihres Gegenübers herzustellen, und wenn Sie ein vollständigeres Bild der Situation gewonnen haben, sind Sie in der Lage, empathische Zuwendung zu zeigen. Bei diesem Schritt unternehmen Sie etwas, um zu helfen, so gut Sie eben können.

Beginnen Sie damit, die andere Person direkt zu fragen, wie Sie helfen können. Wenn der Betreffende dazu nichts sagen will oder kann, fragen Sie sich: *Was hat mir geholfen, als ich mich so gefühlt habe? Oder: Was hätte mir geholfen?*

Es ist in Ordnung, wenn Sie von Ihrer Erfahrung sprechen oder einen Vorschlag machen, aber vermeiden Sie den Eindruck, dass Ihnen das alles schon bekannt ist und Sie die Antwort wissen. Stattdessen berichten Sie von etwas, das Ihnen in der Vergangenheit geholfen hat. Stellen Sie es als Option, als eine Möglichkeit dar, die an die Umstände angepasst werden sollte, nicht als die Lösung schlechthin.

Denken Sie daran: Was für Sie funktioniert hat, oder sogar für andere, kann für diese Person in diesem Fall durchaus nicht funktionieren. Das sollte Sie aber nicht abhalten, zu helfen. Tun Sie einfach, was Sie können.

Die Kehrseite der Empathie

Neben den vielen Vorteilen, die es hat, Empathie zu zeigen, ist es wichtig, sich klarzumachen, dass Empathie ihre Grenzen hat – und sogar Gefahren birgt. Weil Empathie auf unserer emotionalen Erfahrung beruht und weil starke Gefühle häufig kurzlebig sind, kann es katastrophale Folgen haben, wenn wir uns bei Entscheidungen vollständig auf unsere Empathie verlassen.

Paul Bloom ist Psychologe und Professor an der Yale University, außerdem Autor von *Against Empathy*. Bloom argumentiert, Empathie habe die Tendenz, Menschen für die langfristigen Auswirkungen ihres Handelns blind zu machen. Das zeige sich beispielsweise dann, wenn Regierungen empathisches Engagement (also die Tendenz der Menschen, sich vom Opferleid beeindrucken zu lassen) nutzten, um zu behaupten, es sei nötig, in einen Krieg zu ziehen. Höchst selten wird dabei über die zahllosen Menschenleben gesprochen, die dieser Krieg kosten wird, und wie viele neue Probleme dadurch entstehen.[41]

Und es gibt noch eine Möglichkeit, wie Empathie eher schaden kann. Vielleicht spüren Sie ganz ehrlich den Schmerz einer anderen Person in Ihrem Herzen, aber wenn Sie nicht bereit sind, der Person so zu helfen, wie es eigentlich nötig wäre, greifen Sie vielleicht auf eine „einfache Lösung" zurück. Damit wird möglicherweise Ihr eigenes Gefühl der Verletztheit gelindert, aber das Problem wird nicht aus der Welt geschafft. Ja, die Lage könnte sich sogar noch verschlimmern.

Ich denke da beispielsweise an die Erfahrung meiner Freundin Nicole auf ihrer ersten Indienreise.

Nicole ging die Straße entlang und bewunderte die schöne Architektur; sie war ganz verliebt in dieses freundlich lächelnde Volk. Gleichzeitig empfand sie den scharfen, emotionalen Schmerz, so viele Menschen in Armut leben zu sehen.

Plötzlich trat ein kleiner Junge mit aufgehaltener Hand auf sie zu. Aus Mitleid gab sie dem Jungen ein paar Münzen.

Da tauchte ein älterer Mann auf, brüllte herum, schwenkte einen langen Stock und beleidigte meine Freundin. Nicole sprang angstvoll zur Seite, rannte praktisch weg. Aus sicherer Entfernung fragte sie dann, warum der Mann sich so aufregte.

„Er sagt, Sie hätten dem kleinen Jungen kein Geld geben dürfen", übersetzte jemand. „Der Junge ist schlau, jung und stark und könnte hart arbeiten, um sich eine Existenz aufzubauen. Aber Sie nehmen ihm das – indem Sie ihm beibringen, dass er durch Betteln überleben kann."

Nicole war von dieser Erfahrung sehr beeindruckt. Ihre Motivation war reine Empathie gewesen. Sie wollte einfach nur helfen und meinte, in der Lage des kleinen Jungen wäre sie dankbar für eine milde Gabe. Aber als sie darüber nachdachte, fragte sie sich doch, ob der alte Mann nicht recht hatte. Trug ihr Verhalten nicht zur Verschärfung des Problems bei?

Und es hat noch einen Nachteil, wenn man die Gedanken und Gefühle eines anderen Menschen teilt: Es ist emotional zermürbend. Dr. Robin Stern und Dr. Diana Divecha, Forscher am Yale Center for Emotional Intelligence, nennen das die „Empathiefalle".

„Die Kunst der Empathie setzt voraus, dass man die Bedürfnisse des anderen im Blick hat, ohne die eigenen Bedürfnisse völlig hintanzustellen", schreiben sie. „Empathie ist ein echter Drahtseilakt, weil die Empfänger der Wohltaten für die Aufmerksamkeit zutiefst dankbar sind … Wenn wir uns in die Lage eines anderen versetzen, müssen wir ein Gleichgewicht finden – zwischen Gedanken und Gefühlen, zwischen unserem Selbst und unserem Gegenüber. Sonst wird Empathie zur Falle. Wir gewinnen den Eindruck, von den Gefühlen der anderen als Geisel genommen zu werden."

Wenn man das nicht erkennt, kann das leicht zu körperlicher und seelischer Erschöpfung führen.

Beispielsweise geht aus zahlreichen Studien hervor, dass Krankenschwestern, die mit Sterbenden arbeiten, einem besonders hohen Risiko ausgesetzt sind: Sie laufen Gefahr, am Mitgefühlserschöpfungssyndrom zu erkranken. Das ist „eine Kombination aus körperlicher, emotionaler und geistiger Erschöpfung, die auftritt, wenn man mit Patienten zu tun hat, die in einer emotionalen Notlage starken körperlichen Schmerzen ausgesetzt sind." Die Gefahr besteht darin, dass die Pflegekräfte stärker auf die Bedürfnisse der Patienten achten als auf ihre eigenen. Dann ist der Weg in den Burn-out vorgezeichnet.[42]

Natürlich muss man weder Krankenschwester noch Pflegekraft sein, um in die Empathiefalle zu stolpern.[43] Beispielsweise hat das Pew Research Center verschiedene Studien analysiert und herausgefunden, dass in bestimmten Fällen bereits die Verwendung sozialer Medien zu erhöhtem Stress führt. Warum? Weil die Nutzer durch das soziale Netzwerk auf all die Sorgen und Nöte der anderen Nutzer aufmerksam werden.[44]

Zum Beispiel:

- Als eine Frau erfährt, dass jemand, der ihr nahesteht, den Tod eines Kindes oder Partners zu verkraften hat, steigt der Stresswert in ihrer Selbsteinschätzung um 14 Prozent.
- Eine Frau, die erfährt, dass ein Freund degradiert oder schlechter bezahlt wird, berichtet über 9 Prozent mehr Stress.
- Wenn eine Frau erfährt, dass jemand in ihrem Umfeld ins Krankenhaus gekommen ist oder einen schlimmen Unfall hat, berichtet sie über 5 Prozent mehr psychologischen Stress.

Das Problem besteht nicht unbedingt darin, dass die Nutzer sozialer Medien mehr über die negativen Ereignisse im Leben anderer Menschen erfahren. Aber die zunehmende Digitalisierung führt dazu, dass wir von diesen Dingen schneller und häufiger erfahren. Natürlich haben die Nutzer sozialer Medien so die Möglichkeit, mehr Unterstützung und Trost zu spenden. Aber wenn man ständig den Problemen anderer Leute ausgesetzt ist, kann das zu emotionaler Erschöpfung führen.

Empathie kann sehr nützlich sein, wenn es darum geht, die Verbindung zu einem Menschen zu stärken und Beziehungen aufzubauen. Aber in anderen Zusammenhängen kann sie schädlich sein.

Wie sorgt man also für das richtige Maß?

Emotional intelligente Empathie

Der Schlüssel zu emotional intelligenter Empathie – also zu einer Form der Empathie, die für uns arbeitet, nicht gegen uns – ist das richtige Gleichgewicht.

Sie müssen immer bedenken, dass es bei der Empathie darum geht, andere und ihre emotionalen Bedürfnisse besser zu verstehen – aber nicht auf eigene Kosten. Wer schon einmal geflogen ist, kennt die Regel: Ziehen Sie sich erst die eigene Sauerstoffmaske über das Gesicht, dann helfen Sie den anderen. Sonst werden Sie nicht lange helfen können. Ganz ähnlich verhält es sich bei der Empathie. Zunächst einmal müssen Sie Ihre eigenen Gefühle und Bedürfnisse verstehen. Dazu gehört auch die Entwicklung von Selbstwahrnehmung, beispielsweise durch die Übungen weiter vorn in diesem Buch.

Eine Herausforderung besteht darin, dass man emotionale Empathie nicht einfach an- und abschalten kann. Wenn Sie einmal die Fähigkeit entwickelt haben, die Gefühle anderer Menschen wahrzunehmen, geschieht das automatisch. (Sie werden das bemerken, wenn Sie plötzlich zu Tränen gerührt sind, wenn Sie eine Geschichte hören, einen Film sehen oder ein Lied hören.) Das Ziel besteht darin, Empathie zu zeigen, ohne selbst auszubrennen. Das bedeutet, Sie müssen sich Grenzen setzen oder sich sogar von bestimmten Situationen fernhalten.

Wer bei der Arbeit lange Zeit „on" sein muss (beispielsweise ein Lehrer oder eine Krankenschwester), gelangt schnell in einen Zustand emotionaler Erschöpfung. Um das zu vermeiden, können Sie beispielsweise kürzer, aber öfter Pause machen, um wieder aufzutanken. Oder Sie tun sich mit Ihrem Chef oder Ihren Kollegen zusammen, um Aufgaben und Pflichten neu zu verteilen, damit der Arbeitsalltag für alle möglichst ausgeglichen abläuft.

Stellen Sie sich vor, Ihr Partner kommt nach einem schlimmen Arbeitstag nach Hause. Aber Sie hatten auch einen fürchterlichen Tag. Sie sind einfach nicht in der Lage, Trost oder Empathie zu spenden. Ja, eigentlich brauchen Sie selbst Zuspruch.

Dann könnten Sie beispielsweise sagen: „Es tut mir wirklich leid, dass du einen schlimmen Tag hattest, meiner war auch furchtbar.

Können wir einfach ein wenig ausspannen (oder laufen gehen oder zusammen essen)? Später können wir uns dann noch zusammensetzen und über alles sprechen."

Eine solche Reaktion bringt Ihre Bedürfnisse klar zum Ausdruck, während Sie gleichzeitig freundlich die Bedürfnisse Ihres Partners zur Kenntnis nehmen. Es dauert nur ein paar Sekunden, das zu sagen, aber es hat möglicherweise großen Einfluss darauf, wie die nächsten Stunden oder sogar Tage verlaufen.

Wenn Sie feststellen, dass ein soziales Medium Ihre emotionale Kraft zu stark beansprucht, setzen Sie sich Grenzen, wie lange Sie jeden Tag dort verbringen wollen. Stellen Sie sich einen Wecker und nehmen Sie sich etwas Bestimmtes vor, wenn die Zeit um ist. Dann sind Sie motiviert, das Gerät abzuschalten.

Schließlich beinhaltet emotional intelligente Empathie auch zu erkennen, wenn jemand Ihre Hilfe nicht möchte oder einfach nicht bereit oder in der Lage ist, Gedanken und Gefühle zu teilen. In diesen Fällen sagen Sie der betreffenden Person einfach, Sie stehen für ein Gespräch zur Verfügung, sobald das gewünscht wird. Und vielleicht melden Sie sich nach einer gewissen Zeit noch einmal.

Empathie im Einsatz

Sheryl Sandberg, Geschäftsführerin von Facebook, hat gezeigt, wie empathische Zuwendung im echten Leben funktioniert.

Sandberg musste den tragischen Tod ihres Ehemannes erleben, der 2015 auf einer Mexiko-Reise unerwartet verstarb. Plötzlich musste sie nicht nur den emotionalen Schmerz des großen Verlustes verkraften, sondern sich auch der Herausforderung stellen, ihre beiden Kinder allein großzuziehen. Nur einen Monat nach dem Tod ihres Mannes erlaubte Sandberg uns einen Einblick in ihre Gedanken und Gefühle durch ein Update auf Facebook.

„Ich glaube, wenn eine Tragödie geschieht, haben wir eine Wahl", schrieb sie. „Man kann der Leere nachgeben, die unser Herz ausfüllt, unsere Denkfähigkeit einschränkt, uns den Atem nimmt. Oder man kann nach einer tieferen Bedeutung suchen."[45]

Mit diesem Post erlaubte Sandberg uns einen Blick auf ihre gewaltige Trauer. Aber sie zeigte auch, dass sie aus den neuen Umständen lernen und das Gelernte irgendwie anwenden wollte, um anderen zu helfen.

Im Feburar 2017 stellte Sandberg einen weiteren Post auf Facebook – und kündigte Veränderungen in der Firmenpolitik an, darunter die Möglichkeit, bezahlten Urlaub zu nehmen, um Mitglieder der engeren oder weiteren Familie zu betrauern, oder auch um sich um Familienmitglieder oder Verwandte zu kümmern, die lang- oder kurzfristig erkrankt waren.

„Mitten im Alptraum von Daves Tod, als meine Kinder mich mehr denn je brauchten, war ich jeden Tag dankbar dafür, dass ich in einer Firma arbeitete, die Sonderurlaub im Trauerfall anbot und sich insgesamt flexibel zeigte", schrieb Sandberg. „Ich brauchte beides, um wieder auf die Füße zu kommen."[46]

Sandberg hat mehr getan, als einfach nur ihren Weg nach vorn anzutreten. Sie hat ihr Unglück zum Anlass genommen, darüber nachzudenken, wie es anderen unter ähnlichen Umständen gehen mochte. Und sie hat nicht nur Empathie empfunden, sie hat auch danach *gehandelt*: Indem sie Schritte einleitete, um anderen zu helfen.

Natürlich muss man keine Geschäftsführerin sein, um sich anderen empathisch zuzuwenden. Gelegenheit dazu bietet sich jeden Tag.

Das nächste Mal, wenn eine Person in Ihrem Umfeld erzählt, sie fühle sich ausgelaugt, sehen Sie das nicht einfach negativ. Stattdessen denken Sie daran, wie er oder sie (oder jemand anderes) Ihnen das letzte Mal geholfen hat, als es Ihnen so ging. Dann orientieren Sie sich an diesem Beispiel, um etwas Positives zu tun, damit es dem anderen besser geht.

Genau das ist das Ziel der empathischen Zuwendung: Leiten Sie aus dem Einnehmen der fremden Perspektive und Ihrem Mitgefühl eine positive Handlungsweise ab. Zeigen Sie dem anderen, dass Sie seine Schmerzen wahrnehmen, selbst wenn Sie nicht genau verstehen, was Ihr Gegenüber im Einzelnen durchmacht, und dass Sie helfen wollen.

Es kostet Zeit und Mühe, auf diese Art Empathie zu zeigen, aber es ist eine Investition in starke persönliche Verbindungen und es bringt in den anderen das Beste zum Vorschein.

Ihr Gewicht in Gold

Empathie ist eine wichtige Komponente der emotionalen Intelligenz; sie stärkt die Verbindung zwischen Ihnen und anderen Menschen. Sie brauchen dafür verschiedene Fähigkeiten wie gutes Zuhören und eine aktive Fantasie.

Im Kern lässt sich das Konzept der Empathie gut zusammenfassen in der Maxime, die wir „Goldene Regel" nennen: Behandeln Sie andere so, wie Sie selbst behandelt werden wollen.

In diesen wenigen Worten sind alle drei Elemente der Empathie enthalten: kognitive und emotionale Empathie sowie empathische Zuwendung. Um die Goldene Regel zu befolgen, muss man nicht nur denken und fühlen, man muss auch handeln.

Kritiker behaupten, die Goldene Regel sei nicht richtig. Schließlich seien Menschen verschieden. Müsse es nicht heißen: „Behandle andere so, wie *sie* behandelt werden wollen?"

Aber diese Argumentation geht am Kern der Sache vorbei. Die Schönheit dieses Prinzips ist seine praktische Anwendbarkeit. Die Goldene Regel kann man sich leicht merken und sie hält zu Rücksichtnahme und Verbundenheit an. Um die Goldene Regel zu erfüllen, *muss* man die Werthaltungen, die Vorlieben und die Weltsicht des anderen berücksichtigen.

Und ist es nicht am Ende das, von dem Sie wollen, dass man es auch Ihnen erweist?

Aber täuschen Sie sich nicht: Nach dieser Regel zu leben, ist nicht einfach. Man muss dem Drang widerstehen, vorschnelle Schlüsse zu ziehen – was wir nur zu gern tun – und stattdessen dem anderen einen Vertrauensbonus einräumen. Aber wenn man Empathie emotional intelligent einsetzt, kann sie die Qualität der eigenen Beziehungen enorm verbessern – ja, sogar die Qualität Ihres gesamten Lebens.

Erinnern Sie sich an Mr. Pierce, den Vorgesetzten aus meiner Geschichte am Anfang dieses Kapitels?

Leider ist er vor einigen Jahren gestorben. Ich habe mich immer gefragt, wie viele ähnliche E-Mails, Briefe und Anfragen er im Lauf der Jahre gelesen haben mag. In einem Nachruf stand Folgendes:

„Mr. Pierce war in zahlreichen Ausschüssen aktiv … wegen seiner großen Verantwortung in der Organisation befand er sich häufig auf Reisen … Trotz der hohen Arbeitsbelastung war jedoch bekannt, dass er nie zu beschäftigt war, um zuzuhören, wenn jemand Hilfe oder Rat brauchte. Mit seinem warmen Lächeln und seinem Humor nahm er dem Gegenüber die Befangenheit. Seine engsten Mitarbeiter wussten, dass Menschen ganz unterschiedlicher Herkunft sich zu ihm hingezogen fühlten."[47]

Ich habe nie vergessen, was Mr. Pierce mir vor so vielen Jahren beigebracht hat. Und ich bin mir sicher, dass geht vielen anderen genauso.

Der Wert der Empathie ist unschätzbar. Sie macht uns flexibler, verständnisvoller und sympathischer. Die Fähigkeit, die Gefühle der anderen zu teilen, ist ein Geschenk, aber eines, das in Grenzen angewendet werden muss – damit es niemandem schadet.

Lernen Sie, das zu tun, und Sie werden Ihre Beziehungen verbessern und Ihr persönliches Leben bereichern – indem Sie lernen, die Welt mit den Augen der anderen zu sehen.

Kapitel 6

Die Macht der Einflussnahme

Wie ein emotionaler Zugang Hindernisse aus dem Weg räumt

• • • • •

»Wer nicht hören will, muss fühlen.«

Deutsches Sprichwort

Vielleicht ist Chris Voss der beste Unterhändler der Welt.

Voss hat mehr als zwei Jahrzehnte beim FBI verbracht, darunter 15 Jahre als Unterhändler bei Geiselnahmen. In dieser Zeit hat er bei 150 internationalen Geiselbefreiungen mitgearbeitet. Schließlich wurde er zum leitenden internationalen Verhandlungsführer des FBI – eine Position, die er vier Jahre innehatte.

Voss erinnert sich an einen Tag im Jahr 1998, als er in einem schmalen Flur vor einer Wohnung in Harlem, New York City, stand. Drei schwer bewaffnete Flüchtlinge sollten sich in der Wohnung aufhalten, dieselben, die vor einigen Tagen an einem Schusswechsel mit rivalisierenden Bandenmitgliedern beteiligt waren. Eine SWAT-Einheit stand wenige Schritte hinter Voss bereit. Seine Aufgabe: Überzeuge die Flüchtlinge, kampflos aufzugeben.

Weil er keine Telefonnummer hatte, musste Voss sich durch die Wohnungstür hindurch verständlich machen. Er versuchte das sechs Stunden lang – ohne Antwort. Er begann sich zu fragen, ob überhaupt jemand in der Wohnung war.

Plötzlich ging die Tür auf. Eine Frau kam herausmarschiert, gefolgt von allen drei Flüchtlingen.

Kein Schuss wurde abgefeuert, niemand kam ums Leben. Nicht einmal ein böses Wort ist gefallen.

Wie hat er das gemacht?

Mit einer Stimme, die er als die eines „Late-Night-Moderators" beschreibt, hatte Voss immer wieder die folgenden Aussagen variiert: „Es sieht so aus, als wollten Sie nicht herauskommen. Es hat den Anschein, als wollten Sie die Tür nicht öffnen, weil Sie Angst haben, wir würden auf Sie schießen. Es sieht so aus, als wollten Sie keinesfalls ins Gefängnis zurück."

Im Nachhinein wollte Voss gern wissen, was speziell die Flüchtlinge überzeugt hatte, die Wohnung zu verlassen.

„Wir wollten nicht gefangen oder angeschossen werden, aber Sie haben uns beruhigt", sagten sie. „Schließlich waren wir davon überzeugt, dass Sie nicht einfach weggehen würden. Deshalb sind wir herausgekommen."[48]

Mit den Jahren feilte Voss seine Verhandlungstaktik immer weiter aus. So konnte er Hunderte Menschenleben retten.

„Es ist nicht so, dass ich die Emotionen ins Spiel bringe. Sie sind schon da", erzählte Voss mir in einem Interview. „Da ist ein Elefant im Zimmer, eine riesige Kreatur, die einfach vorhanden ist. Er ist das, was wir wollen, und das, was uns wichtig ist. Wir alle treffen unsere Entscheidungen auf der Grundlage dessen, was uns am Herzen liegt, und dadurch wird die Entscheidungsfindung per Definition zu einem emotionalen Prozess."

„Ich sehe das so: Hören wir auf, uns etwas vorzumachen. Verhandlungsführer bei Geiselnahmen machen sich nichts vor, was Gefühle angeht. Es geht immer darum, zwischen Gefühlen hindurch zu lavieren. Auf einen Schritt folgt der nächste und der bringt uns hoffentlich in die Situation, den anderen zu beeinflussen. Das Ganze beruht auf Vertrauen und es ermöglicht einem, Einfluss auf das Endergebnis zu nehmen."

„Es erlaubt einem, die Einstellung der Leute zu verändern."[49]

Die Welt ist dein Tummelplatz

Gut möglich, dass Sie niemals mit einer Geiselnahme zu tun haben werden, aber jeder neue Tag bietet Ihnen zahllose Gelegenheiten, Einfluss zu nehmen und beeinflusst zu werden.

Bei jeder Interaktion mit einem anderen Menschen entsteht eine Beziehung. Manche dieser Beziehungen sind kurzlebig, wenn man beispielsweise mit einem Verkäufer spricht, den man nie wieder sieht. Andere Beziehungen – etwa mit Familie und Freunden – dauern ein Leben lang. Und jede Verbindung zu einem anderen Menschen beinhaltet neben dem Austausch auch eine Chance: zu helfen oder Hilfe zu empfangen, zu verletzen oder verletzt zu werden.

Beziehungsmanagement bedeutet, aus diesen Interaktionen das Beste zu machen. Das Ganze beruht auf dem Prinzip der Einflussnahme – Ihrem Vermögen, andere und ihr Verhalten zu beeinflussen, und deren Vermögen, Sie zu beeinflussen. Doch während manche Einflussnahmen natürlich und unbeabsichtigt erfolgen (je mehr Zeit man mit jemandem verbringt, desto größer ist der eigene Einfluss auf diese Person und umgekehrt), bedeutet Beziehungsmanagement, gezielt Einfluss zu nehmen. Das beinhaltet, die anderen drei Bestandteile emotionaler Intelligenz zur Anwendung zu bringen – Selbstwahrnehmung, Selbstmanagement und Fremdwahrnehmung – und so andere zu überzeugen und zu motivieren, Konflikte effektiver zu managen und möglichst davon zu profitieren.

In diesem Kapitel untersuchen wir die Feinheiten der Einflussnahme und betrachten, wie Beziehungsmanagement in der realen Welt aussieht – und wie es Ihnen helfen kann, in allen Bereichen des Lebens ein besserer Partner zu sein.

Das Ziel ist einfach: Sie wollen das Beste von anderen bekommen. Im Gegenzug geben Sie ihnen das Beste von sich.

Was ist Einflussnahme?

Einflussnahme bedeutet, den Charakter oder das Verhalten eines anderen Menschen zu beeinflussen – aber nicht durch Gewalt oder direkten Befehl. Häufig ist dies kaum zu bemerken: Eine Amerikanerin, die aus den USA nach Großbritannien umzieht, bemerkt vielleicht gar nicht, welchen Einfluss ihr neues Umfeld auf ihren Wortschatz und ihren Akzent hat – bis sie im Urlaub nach Hause fährt und die Familie ihr sagt, wie verändert sie sich anhört.

Eine Person kann auch unabsichtlich einen negativen Einfluss ausüben. Einem jungen Mann, dem es an Fremdwahrnehmung mangelt, fällt vielleicht nicht auf, dass er zu viel über sich selbst spricht – so viel, dass andere ihn deswegen meiden. Und ein enger Freund drängt Ihnen vielleicht so sehr die eigene Meinung auf, dass Sie ihn bald nicht mehr darum bitten. Beiden ist nicht bewusst, wie sie von anderen wahrgenommen werden.

Und dann ist da die *beabsichtigte* Einflussnahme. „Influencer" setzen die Prinzipien von Überzeugung und Motivation ein, um Hindernisse aus dem Weg zu räumen und Konflikte zu managen. Sie regen andere Menschen dazu an, anders zu denken, die Dinge aus einer neuen Perspektive zu sehen und sogar ihr Verhalten zu ändern.

Solche Versuche der Einflussnahme können auf kurze Frist angelegt sein. Probieren Sie beispielsweise Folgendes:

- Überreden Sie Ihre bessere Hälfte, etwas Bestimmtes anzuschaffen (oder nicht anzuschaffen).
- Bringen Sie Ihr Kind dazu, sein Zimmer aufzuräumen, ohne die Aufgabe direkt anzusprechen.
- Beruhigen Sie einen Freund, der sich aufregt.

Oder Sie versuchen, jemanden langfristig zu beeinflussen, indem Sie beispielsweise Folgendes tun:

- Unterstützen Sie Ihren Partner dabei, mit dem Rauchen aufzuhören oder sich mehr zu bewegen.
- Bringen Sie Ihren Chef davon ab, Ihnen immer alle Aufgaben im Detail zu erläutern.
- Vermitteln Sie Ihren Kindern Charakterstärke und solide Werthaltungen.

Natürlich ist die Einflussnahme ein Werkzeug, das zum Guten wie zum Schlechten eingesetzt werden kann. In Kapitel 8 machen wir uns Gedanken darüber, wie Einflussnahme und andere Bestandteile der emotionalen Intelligenz zu unerfreulichen Zwecken eingesetzt werden können – und wie Sie sich dagegen schützen.

Nun lassen Sie uns aber einen Blick auf die verschiedenen Methoden der Einflussnahme werfen, um zu sehen, wie das in der realen Welt funktioniert.

Persönliches Interesse zeigen

In dem Klassiker *How to Win Friends and Influence People* erzählt Dale Carnegie davon, wie er bei einem Abendessen einen bedeutenden Botaniker kennenlernte.

Den ganzen Abend hindurch, schreibt Carnegie, saß er auf der Stuhlkante, fasziniert von den Geschichten des Mannes über exotische Pflanzen und Gartenexperimente. Carnegie stellte ihm Fragen zu seinen eigenen Gartenproblemen und dankte ihm für seine Hilfe. Als es an der Zeit war zu gehen, wandte sich der Botaniker an den Gastgeber und lobte Carnegie als „höchst anregenden" und „sehr interessanten Gesprächspartner."

Diese Geschichte illustriert ganz hervorragend den ersten Schlüsselfaktor der Einflussnahme: persönliches Interesse zeigen.

Wenn Sie anderen Ihr Interesse bekunden wollen, stellen Sie Fragen – keine aufdringlichen, neugierigen Fragen, sondern Fragen aus Interesse. Woher stammen Sie? Wo sind Sie aufgewachsen? Wo sind Sie schon gewesen? Das sind drei Variationen einer einfachen Frage, die zu stundenlangen Gesprächen führen können.

„Wenn Sie ein guter Gesprächspartner sein wollen", rät Carnegie, „müssen Sie ein guter Zuhörer sein … Denken Sie daran, dass die Menschen, mit denen Sie sprechen, tausendmal interessierter an sich selbst sind, an ihren eigenen Nöten und Problemen, als an Ihnen und Ihren Problemen."[50]

Carnegies Rat war bereits wertvoll, als er ihn aufschrieb, aber heute gilt er umso mehr, weil die moderne Technologie die Aufmerksamkeitsspanne der meisten Menschen reduziert hat. Gehen Sie ins Restaurant. Sie werden bestimmt mehrere Personen sehen, die alle paar Minuten auf ihr Handy schauen, häufig zum Leidwesen der Menschen, die mit ihnen am Tisch sitzen.

Wenn Sie im Gegensatz dazu Ihren Gesprächspartner als den interessantesten Menschen überhaupt behandeln – und sich angeregt nach seinen Gedanken und Meinungen erkundigen – machen Sie einen völlig anderen Eindruck. Bei dieser Art von Konversation gibt es kein Richtig und kein Falsch. Es geht einfach darum, sich die Perspektive des anderen anzuhören. Versuchen Sie zu verstehen, warum Ihr Gegenüber so denkt und fühlt, wie es der Fall ist – und diese Person wird auf natürliche Weise von Ihnen fasziniert sein. Und ganz nebenbei bewegt das Ihren Gesprächspartner zu größerer Offenheit gegenüber Ihren Gedanken und Meinungen – selbst wenn sie von den seinen abweichen.

Wenn Sie andere als interessant behandeln, wird das als anregend empfunden, und ironischerweise werden Sie als besonders sympathisch eingeschätzt. Denn wer liebt es nicht, über sich selbst zu sprechen?

Arbeiten Sie auf Respekt hin

Respekt führt zu Respekt. Mag sein, dass sich das für Sie wie eine Selbstverständlichkeit anhört. Aber in unserer Gesellschaft ist die Fähigkeit, Respekt zu bezeugen, eine Kunst, die in Vergessenheit gerät. Sarkasmus und beißende Bemerkungen sind zur Regel geworden, auf der Arbeit wie zu Hause. Außerdem ist es leicht, die einfachsten Höflichkeitsregeln zu vergessen, wenn man emotional beteiligt ist.

Hier ein paar Tipps, wie Sie den Respekt Ihrer Mitmenschen gewinnen:

1. Nehmen Sie den anderen zur Kenntnis

Schon bevor Sie überhaupt das Wort an jemanden richten, können Sie Respekt zeigen, indem Sie die Anwesenheit der Person zur Kenntnis nehmen. Ein leichtes Nicken, ein Lächeln oder ein einfaches Hallo können den ersten Eindruck, den Sie hinterlassen, erheblich aufwerten.

Wenn Sie über ein Thema sprechen, bei dem Sie anderer Meinung sind, sollten Sie die Argumente Ihres Partners anerkennend zur Kenntnis nehmen. Danken Sie ihm für seine Offenheit und die Mitteilung seines Standpunkts. Wenn Sie seine Logik nicht nachvollziehen können, stellen Sie weitere Fragen. Zur abschließenden

Klärung können Sie seine Argumente in eigenen Worten zusammenfassen und nachfragen, ob das so richtig ist. Dadurch fühlt sich der andere wahrgenommen und gehört.

2. Hören Sie sich die ganze Geschichte an

Ziehen Sie keine übereilten Schlussfolgerungen auf der Grundlage von Ereignissen oder Situationen, die Sie nicht selbst erlebt haben. Dabei besteht die große Gefahr, dass Einzelheiten und Zusammenhänge verlorengehen. Und selbst wenn Sie die Situation aus erster Hand kennen, dann durch eine Brille persönlicher Vorurteile und Neigungen, die Ihre Wahrnehmung beeinflussen.

Achten Sie sorgfältig darauf, die Situation wirklich in allen Einzelheiten zu erfassen, ehe Sie handeln. Bitten Sie andere Beteiligte zu schildern, woran sie sich erinnern. Ihr Gegenüber weiß es zu schätzen, wenn Sie sich die Zeit nehmen, die Gegenseite wirklich zu verstehen. Die Diskussion fällt dann umso respektvoller aus.

3. Treffen Sie den richtigen Ton

Wenn Sie Menschen ruhig und vernünftig ansprechen, stehen die Chancen besser, dass sie ebenso reagieren. Wenn Sie die Schwierigkeiten und Probleme Ihres Gegenübers anerkennen, erhöhen Sie die Bereitschaft dieses Menschen, Ihnen zuzuhören. Wenn Sie im Gegenteil mit beißendem Sarkasmus beginnen oder von Anfang an die Stimme erheben, schaltet die Amygdala Ihres Gegenübers in den Overdrive.

Wenn Sie Ihren Standpunkt deutlich machen wollen, tun Sie das auf nette, faire Art und Weise, nicht mit einer Anschuldigung. Das alte Sprichwort ist einfach wahr: Man fängt mehr Fliegen mit Honig als mit Essig. Zumindest sollte der Honig das Lockmittel sein.

4. Sehen Sie sich selbst möglichst ausgewogen

Menschen verlieren schnell den Respekt vor Menschen, die arrogant und eingebildet auftreten. Aber auch das andere Extrem ist gefährlich: Wenn es Ihnen an Überzeugungskraft oder Selbstvertrauen mangelt, wirken Sie schwach und gelten als Umfaller.

Versuchen Sie stattdessen, in der Beziehung zu anderen Menschen ein ausgewogenes Bild Ihrer Person zu transportieren. Sie haben jede Menge Positives zu bieten – die anderen auch. Es ist nicht immer leicht, diesen Blickwinkel beizubehalten, besonders wenn Sie Meinungen oder Überzeugungen begegnen, die sich von Ihren deutlich unterscheiden. Aber es ist möglich, wenn Sie sich darauf konzentrieren, Stärken zu identifizieren – Ihre eigenen und die Ihres Gegenübers.

Argumentieren Sie mit Empathie

Sie führen ein Gespräch, das sich plötzlich einem kontroversen Thema zuwendet, zu dem Sie eine ganz entschiedene Meinung haben. Ihr Gesprächspartner ist gegenteiliger Ansicht und trägt das deutlich vor.

Wie reagieren Sie?

In vielen Fällen möchten Sie das Gespräch unter diesen Umständen gar nicht fortsetzen. Vielleicht glauben Sie, es lohne den emotionalen Aufwand nicht und weder der Ort noch die Zeit seien richtig gewählt. Oder Sie reagieren wenig rücksichtsvoll und greifen Ihren Gesprächspartner an, weil er „falsch" liegt. Und Sie versuchen, Ihre Sicht der Dinge mit Argumenten zu belegen, die zu Ihren (häufig nicht im Einzelnen mitgeteilten) Werthaltungen passen. Vielleicht greifen Sie Ihren Gesprächspartner sogar persönlich an und werfen ihm einen Mangel an gesundem Menschenverstand oder Anstand vor. Dieser Angriff provoziert dann eine ähnliche gelagerte emotionale Antwort. Das resultierende Hin und Her führt zu nichts. Keiner ist bereit nachzugeben und am Ende liegen Sie und Ihr Gegenpart weiter auseinander als am Anfang des Gesprächs.

Dabei gibt es einen besseren Weg. Man nennt es „Argumentieren mit Empathie".

Eine rationale, argumentative Herangehensweise ist eine solide, faire und vernünftige Lösung. Das Problem ist, was der eine für solide, fair und vernünftig hält, kann sich von der Einschätzung des anderen durchaus unterscheiden. Besonders bei einem kontroversen Thema. Darum ist die Empathie so wichtig: Sie erlaubt Ihnen, die Argumentation des anderen von seinem Standpunkt aus nachzuvollziehen.

Argumentieren mit Empathie, verlangt aktives Zuhören und gibt dem anderen etwas zum Nachdenken, lange nachdem das Gespräch vorüber ist. So bereiten Sie den Boden für künftige Diskussionen und erhöhen die Chance, dass die Person über einen alternativen Gesichtspunkt nachdenkt oder sogar ihre Meinung ändert.

Wie bewegen Sie die Menschen also zum Zuhören und Nachdenken, anstatt sie mit Ihren Lieblingsargumenten abzuschrecken?

1. Beginnen Sie mit den Gemeinsamkeiten

Wenn Sie versuchen, jemanden zu überreden oder zu überzeugen, ist es wichtig, einen Ausgangspunkt zu finden, an dem Sie übereinstimmen. Dann erscheint Ihr Gegenüber als Partner oder Verbündeter, nicht als Feind.

„Wer jemanden erfolgreich überreden will, muss geschickt darin sein, seine Position so zu beschreiben, dass sie als vorteilhaft erscheint", erklärt der angesehene Wirtschaftsprofessor Jay Conger, Autor von *The Necessary Art of Persuasion*. „Wer Kinder erzieht, wird Ihnen bestätigen: Am schnellsten bewegen Sie das Kind dazu, mit in den Supermarkt zu kommen, indem Sie auf die Lollys an der Kasse hinweisen ... In anderen Situationen ist es offensichtlich komplexer, überzeugende Rahmenbedingungen zu schaffen, aber das grundlegende Prinzip ist dasselbe. Es geht darum, gemeinsame Vorteile zu identifizieren."

Wenn Sie darüber nachdenken, welchen Rahmen oder Frame Sie Ihrer Argumentation geben wollen, ist es entscheidend, dass Sie Ihr Publikum verstehen. Sie müssen wissen, was ihm wichtig ist, aber Sie müssen auch verstehen, warum diese Themen wichtig sind. Wenn Sie an diesem Punkt falsch liegen, ist Ihre gesamte Überzeugungsarbeit umsonst.

Um einen gemeinsamen Ausgangspunkt zu finden, müssen Sie Ihre Hausaufgaben machen. Sprechen Sie mit Ihren Adressaten und den Menschen, die ihnen nahe stehen, und hören Sie gut zu.

„Diese Schritte helfen [den besten Überzeugern] dabei, die Argumente, die Belege und die Sichtweise, die sie vortragen möchten, zu durchdenken", erklärt Conger. „Häufig geschieht es in dieser Phase, dass sie ihre Pläne ändern oder ein Stück weit davon abweichen, ehe sie überhaupt mit der Überzeugungsarbeit beginnen.

Durch gründliches Nachdenken und Nachfragen entwickeln sie Frames, die für ihr Publikum attraktiv sind."[51]

Um das mit einem Beispiel zu illustrieren, stellen wir uns vor, Sie wollen Ihren Vorgesetzten davon überzeugen, Ihr Gehalt zu erhöhen. Sie könnten munter hereinkommen und zielgerichtet darlegen, wie lange Sie schon für die Firma arbeiten, was Sie alles können und was Sie bereits geleistet haben. Aus Ihrer Sicht ist das extrem überzeugend.

Was Sie aber nicht wissen: Ihr Vorgesetzter hat Probleme, weil er seinen Ausgabenrahmen bereits überschritten hat. Dieses Problem will er auf alle Fälle aus der Welt schaffen – und wenn er sein Team verkleinern muss. Er spürt, dass Sie mit der momentanen Situation unzufrieden sind. Für ihn könnte es daher in diesem Moment die einfachste Lösung sein, Sie hinauszuwerfen.

Aber wie wäre es, wenn Sie sich zunächst über die Bedürfnisse Ihres Vorgesetzten informierten? Durch eine Hintergrundrecherche könnten Sie herausfinden, wo seine Prioritäten liegen. Sie würden dann verstehen, dass Sie in einer deutlich besseren Position wären, um eine Gehaltserhöhung zu bitten, wenn Sie ihm erst einmal helfen würden, den Ausgabenrahmen einzuhalten.

Bei einer solchen empathischen Herangehensweise würden Sie Ihre Argumentation so um die Prioritäten Ihres Vorgesetzten herumbauen, dass Sie ihm eine konkrete Lösung für sein größtes Problem vorschlagen und damit gleichzeitig Ihre Chancen erhöhen, das zu bekommen, was Sie wollen.

2. Stellen Sie strategische Fragen

Es ist wichtig, immer mehr über Ihr Gegenüber zu erfahren, selbst wenn Sie bereits mitten in der Diskussion stecken.

Wenn Sie die richtigen Fragen stellen, erhält Ihr Partner die Chance, seine Meinung zum Ausdruck zu bringen und seine Gedanken zum Thema darzulegen – was zu einer offeneren Diskussion führt und zu einem besseren Verständnis seiner Position von Ihrer Seite.

Zum Beispiel:

- Was sehen Sie in …?
- Was hat Sie davon überzeugt, dass …?

- Wie würden Sie reagieren, wenn …?
- Was könnte Ihre Sicht an diesem Punkt verändern?

Außerdem regen Sie Ihr Gegenüber möglicherweise dazu an, gründlicher über das Thema nachzudenken, wenn Sie um eine Erläuterung seiner Überzeugungen Schritt für Schritt bitten. Häufig wird dem Betreffenden dadurch deutlich, dass er die Dinge nicht so gut verstanden hat, wie er zunächst meinte, und er schwächt seine Position ab.

3. Liefern Sie Belege, die Ihr Gegenüber höchstwahrscheinlich respektiert

Jede Argumentation braucht Beweise, um zu überzeugen. Aber wo findet man in einer Welt des Postfaktischen Beweise, die zutreffend sind und überzeugend?

Denken Sie daran, dass Menschen aus ganz unterschiedlichen Verhältnissen und Kulturen kommen – was den einen überzeugt, muss beim anderen noch lange nicht funktionieren. Daher müssen Sie die Argumente Ihres Gesprächspartners genau unter die Lupe nehmen. Von wem ist er beeinflusst, wer hat ihn inspiriert? Welche Forschungen oder welche Quellen werden von ihm zitiert? Wenn Sie die Antworten auf diese Fragen gefunden haben, können Sie nach Daten und Expertenmeinungen aus Quellen suchen, die er vermutlich respektiert. (Achten Sie darauf, nicht falsch zu zitieren oder Informationen aus dem Kontext zu reißen. Damit verringern Sie Ihre Glaubwürdigkeit.)

Natürlich ist das alles zeitaufwändig und mühsam. Aber die Investition lohnt sich, weil diese Vorgehensweise Ihnen erlaubt, Ihre Beweise so zu präsentieren, dass Ihr Partner sich angesprochen fühlt. Und Sie verschwenden keine Zeit auf eine Argumentation, die von ihm niemals in Betracht gezogen werden würde.

4. Erkennen Sie, wann Sie nachgeben müssen

Im Verlauf der Diskussion wird möglicherweise ihre Überzeugung wachsen, dass der andere falsch liegt. Wenn Sie deutliche Schwächen in seiner Position erkennen, sind Sie vielleicht versucht, zum entscheidenden Schlag auszuholen.

Aber Menschen hängen an ihren Überzeugungen. Wenn Sie gnadenlos jeden Fehler in der Argumentation Ihres Partners offenlegen, wird er sich angegriffen fühlen. Die Amygdala übernimmt, und er wird Ihnen nicht länger zuhören oder rational argumentieren. Stattdessen wird er sich verteidigen oder seinerseits zum Angriff übergehen.

Sie sollten also nicht übermäßig dominant auftreten, sondern sich darauf konzentrieren, mehr über den Blickwinkel des anderen zu lernen und über die Beweggründe hinter seinen Gefühlen. Dann konzentrieren Sie sich wieder auf Gemeinsamkeiten und versuchen, ein Fundament zu legen, auf dem Sie aufbauen können. Vor allen Dingen müssen Sie danach streben, das Gespräch positiv zu beenden – vielleicht indem Sie Ihrem Gesprächspartner dafür danken, dass er Ihnen geholfen hat, seinen Standpunkt zu verstehen.

Bedenken Sie, dass langfristige Einflussnahme Zeit braucht. Ihr Ziel besteht nicht darin, als Sieger aus dem einen Streitgespräch hervorzugehen oder die Ansichten Ihres Gegenübers in nur einer Diskussion grundsätzlich zu verändern. Richten Sie den Blick lieber auf das große Ganze.

Takt ist die Gabe, den eigenen Standpunkt zu vertreten, ohne dass man sich Feinde macht.

Isaac Newton

Rühren Sie die Gefühle Ihrer Zuhörer an

Jemanden von einer Wahrheit zu überzeugen, ist etwas ganz anderes, als ihn zum Handeln zu bewegen.

Um andere wirklich zum Handeln zu bringen, müssen Sie ihre Gefühle ansprechen – und dabei tief in die Gedanken- und Gefühlswelt der anderen Person vordringen.

Künstler sind die Experten, wenn es darum geht, eine emotionale Reaktion hervorzurufen. Denken Sie an Ihren Lieblingsschauspieler, Ihre Lieblingstänzerin oder einen Musiker. Wahrscheinlich sprechen diese Künstler Sie an, weil sie ein bestimmtes Gefühl in Ihnen wecken. Obwohl Sie diese Menschen nie kennengelernt haben, fühlen Sie sich auf einem sehr intimen Level von ihnen angesprochen. Künstler bringen Sie zum Lachen, Weinen oder Tanzen, wenn niemand hinschaut.

Oder denken Sie an Ihre Schulzeit. Erinnern Sie sich noch an Ihren Lieblingslehrer? Er hatte jene bemerkenswerte Fähigkeit, trockene Fakten zum Leben zu erwecken. Die Geschichten, die er erzählte, das persönliche Interesse, das er Ihnen entgegengebrachte – dies zu erleben, war der Höhepunkt Ihres Tages. Höchstwahrscheinlich hat jener Lehrer eine wichtige Rolle dabei gespielt, Ihre heutige Persönlichkeit zu formen.

Auch wenn der Kontext, in dem Sie Einfluss nehmen wollen, ein ganz anderer ist, sind die Prinzipien, emotionalen Kontakt herzustellen, die gleichen. Wenn Sie andere Menschen zum Handeln bewegen wollen, müssen Sie sie auf der Gefühlsebene erreichen.

Hier sind einige Möglichkeiten, das zu tun:

1. Zeigen Sie Leidenschaft

Begeisterung ist ansteckend. Wenn Sie wirklich an das glauben, was Sie zu sagen haben, wirkt Ihre Leidenschaft auf natürliche Weise anregend und inspirierend. (Denken Sie an die mitreißende Energie eines guten Privatlehrers oder Personal Trainers.)

Das bedeutet nicht, dass Sie anderen etwas vormachen oder jemand sein sollen, der Sie nicht sind. Von größter Wichtigkeit ist, dass *Sie* ganz und gar überzeugt sind. Wenn Sie das nicht sind, sollten Sie eine Weile über Ihre Ideale und Vorstellungen nachdenken. Vielleicht lässt sich noch etwas von Wert (für Sie) hinzufügen. Dann ist Ihre Leidenschaft authentisch.

2. Verwenden Sie Bilder und Geschichten

Zahlen, Daten und ein sorgsam ausgefeiltes Argument sind wichtige Aspekte, wenn Sie jemanden überzeugen wollen. Aber das allein reicht nicht. Es wäre schlicht und einfach langweilig.

Aber alle Menschen lieben Geschichten. Wenn Sie eine Anekdote erzählen oder ein Beispiel aus der Realität anfügen können, um Ihr Anliegen zu illustrieren, wird es für die Zuhörer lebendiger. Ihre geistigen Fähigkeiten werden geweckt; sie fühlen sich angerührt. Und Sie überbrücken den Graben zwischen Theorie und Praxis.

Geben Sie nicht einfach nur Fakten wieder; erwecken Sie das Gesagte zum Leben.

3. Wiederholen. Wiederholen. Wiederholen.

Große Lehrer sind Meister der Wiederholung. Denken Sie nur daran, wie oft Ihre Eltern Ihnen das Gleiche sagen mussten, ehe Sie es wirklich verstanden hatten. Achten Sie darauf, wie große Redner einen bestimmten Kernsatz wiederholen, fast wie einen Aufhänger oder einen Refrain in einem Lieblingslied. Ein großartiges Beispiel ist Martin Luther Kings berühmter Satz „I have a dream“ in seiner Rede vom August 1963.

Und dann ist da noch der klassische Rat für jede Präsentation: Sagen Sie Ihren Zuhörern, was Sie ihnen sagen wollen. Dann sagen Sie es ihnen. Und am Ende sagen Sie ihnen, was Sie ihnen gesagt haben.

Es kann eine Herausforderung sein, die Kunst der Wiederholung so zu meistern, dass es nicht steif oder gestelzt wirkt. Einen Kernsatz zu wiederholen kann beeindruckend sein, Sie können aber auch Ihre Hauptpunkte immer wieder neu formulieren, indem Sie beispielsweise folgende Wendungen benutzen:

- Mit anderen Worten ...
- Was ich zu sagen versuche, ist Folgendes ...
- Es geht also darum ...

Diese Technik erlaubt Ihnen, Kernaspekte zu wiederholen, während eine gewisse Abwechslung erhalten bleibt. Außerdem können Sie auf diese Art und Weise kontrollieren, was Ihre Hörer höchstwahrscheinlich im Gedächtnis behalten.

4. Nutzen Sie das Überraschungselement

Eine überraschende oder schockierende Aussage kann die Aufmerksamkeit fesseln. Meine Schriftstellerfreundin Lyz Lenz hat einmal einen großartigen Artikel unter der Überschrift geschrieben: „Liebe Tochter, Ich möchte, dass du scheiterst".

In dem Artikel geht es darum, wie Lenz in zartem Alter gelernt hat, mit Misserfolgen zu leben, aus Fehlern zu lernen und gestärkt weiterzumachen. Diesen Erfahrungen stellt sie den Trend der „Helikopter-Eltern" gegenüber, die versuchen, ihre Kinder vor jeder Form des Scheiterns zu bewahren, ihnen sämtliche Wege zu ebnen und ihnen das Leben so leicht wie möglich zu machen.

„Ein Leben ohne Scheitern ist kein Erfolg, es ist Mittelmäßigkeit", behauptet demgegenüber Lenz. „Ich möchte meiner Tochter nicht beibringen aufzugeben – oder dass ich ihr alles aus dem Weg räume. Ich möchte ihr beibringen, den Rückzug anzutreten, sich neu zu sortieren und es noch einmal zu versuchen und noch einmal und noch einmal."[52]

Großartige Argumentation, überzeugend präsentiert. Aber ohne die provozierende Überschrift (den „Aufhänger") hätten viele Menschen den Artikel überhaupt nicht gelesen. Sie können das Gleiche tun, indem Sie eine überraschende Aussage benutzen, um Ihre Zuhörer emotional zu erschüttern. So gewinnen Sie ihre Aufmerksamkeit. Dann transportieren Sie Ihre Botschaft, die auf Ihren Werthaltungen beruht.

An der Heimatfront

Stellen Sie sich vor, Sie diskutieren etwas ganz in Ruhe mit dem geliebten Menschen an Ihrer Seite. Es kommt zu einer regelrechten Auseinandersetzung und Sie stellen fest, dass Ihr Partner hochgradig emotional reagiert. Sie könnten jetzt Ihre Ansicht weiter vertreten und riskieren, dass der andere die Kontrolle verliert. Oder Sie können Ihrem Partner erlauben, seine Sicht der Dinge darzulegen, genau zuhören und dann überlegen, wie es weitergehen kann.

Indem Sie Ihrem Partner helfen, sich zu beruhigen, beeinflussen Sie seine Gefühle. Aber was dann? Wenn das Thema wirklich wichtig ist, müssen Sie später noch einmal darauf zurückkommen. Wie können Sie das in effektiver Weise tun?

Überlegen Sie sich genau, was der ideale Ort und die richtige Zeit sind, um erneut miteinander zu sprechen. Wählen Sie beispielsweise einen Zeitpunkt, zu dem Sie beide entspannt sind. Außerdem sollten Sie sich überlegen, wie Sie das Thema wieder zur Sprache bringen. Denken Sie daran, dass die Eröffnung des Gesprächs mit einer Entschuldigung (falls angemessen), mit einem Dankeschön oder einer Gemeinsamkeit eine positive Atmosphäre schafft. Damit wachsen die Chancen für Verständigung und Kooperation.

Einflussnahme in Aktion: Mitgefühl auf großer Bühne

Für Celine Dion, die weltberühmte, gefeierte Sängerin, war es bloß ein weiterer Arbeitstag. Sie trat vor Tausenden Menschen auf, wie schon so oft, dieses Mal im Caesars Palace in Las Vegas. Plötzlich rannte ein weiblicher Fan, der angetrunken zu sein schien, auf die Bühne und direkt neben die Künstlerin. Die Frau widersetzte sich den Versuchen der Sicherheitskräfte, sie von der Bühne zu entfernen.

Die Situation hätte sehr schnell hässlich werden können, wenn Dion nicht so überlegt und gelassen gehandelt hätte.

Anstatt die Angelegenheit den Bodyguards zu überlassen oder einfach wegzulaufen, erwies Dion der Frau Respekt, indem sie reagierte und mit ihr sprach. Ja, sie sprach ihr sogar ihre Anerkennung aus.

„Darf ich Ihnen etwas sagen?", fragte Dion und ergriff die Hand der Frau. „Ich bin froh, dass Sie heute auf die Bühne gekommen sind. Ich bin froh, dass … Sie mir einfach so nah sein wollen."

An diesem Punkt packte der Fan die Sängerin und schlang das Bein um sie. Die Bodyguards kamen näher, aber Dion hielt sie noch zurück. Dann sprach sie weiter mit beruhigender Stimme auf die Frau ein.

Der Fan sagte etwas, das im Publikum nicht zu hören war. Aber Dion hatte etwas gehört, das ihr ermöglichte, eine Gemeinsamkeit herzustellen, eine Verbindung. „Wissen Sie was?“, sagte Dion. „Wir haben etwas gemeinsam. Wir haben Babys, die wir lieben. Und wir würden für sie kämpfen. Und wir tragen beide Gold. Das ist ein Zeichen.“

Während der gesamten Situation bewies Dion bemerkenswerte Empathie. Sie forderte die Frau auf zu tanzen und zu singen und veränderte so ihre Stimmung von rebellisch und kämpferisch zu fröhlich und kooperativ. In weniger als zwei Minuten gelang es Dion, die Störerin zum Verlassen der Bühne zu bewegen, zusammen mit ihren „Freunden“ (den Bodyguards). Sie hatte eine heikle Situation auf die bestmögliche Weise aus der Welt geschafft.

Danach sank Dion vor Erleichterung auf der Bühne zusammen, während die Menge applaudierte.[53]

Das ist emotionale Einflussnahme von allerhöchster Qualität.

Andere Menschen erreichen

Ob wir zum Bewerbungsgespräch gehen, um einen Preisnachlass bitten oder jemanden zum Ausgehen auffordern – von Zeit zu Zeit wollen wir alle jemanden beeinflussen.

Aber denken Sie daran, dass es ein langsamer Prozess ist, Einfluss zu nehmen.

Als ich mit Chris Voss sprach, mit dem dieses Kapitel begann, verglich er diesen Prozess mit einer Treppe. „Man möchte am liebsten direkt auf das Gewünschte zugehen“, erklärte er. „Aber in diesem Fall ist die kürzeste Entfernung zwischen zwei Punkten eben *nicht* eine gerade Linie. Man muss Schritt für Schritt vorgehen und jeder Schritt ist die Grundlage für den nächsten. Es geht darum, Übereinstimmung herzustellen – und dazu gehört Empathie. Ein Schritt führt zum nächsten, und dann sind Sie irgendwann in der Position, Einfluss zu nehmen.“

Um jemanden davon zu überzeugen, dass er anders denken soll, müssen Sie zunächst seine Denkweise verstehen. Lernen Sie seine Schmerzpunkte kennen, damit Sie ihm helfen können, sie zu überwinden. Lernen Sie seine Redeweise kennen, seine persönliche Motivation. Nur so können Sie ihn auf eine Art und Weise ansprechen, die er versteht.

Noch wichtiger ist es, dass Sie ihn auf diese Weise emotional erreichen können – was letztendlich zum Handeln führt.

Ihnen muss aber auch klar sein, dass Menschen und Situationen sich ständig ändern. Ihre wichtigsten Beziehungen wurden durch jahrelange Interaktion geformt und in die heutige Form gebracht.

Wie kann also emotionale Intelligenz dazu beitragen, die Qualität Ihrer Beziehungen zu verbessern?

Sie müssen auf einer soliden Grundlage aufbauen – und darum geht es im nächsten Kapitel.

Kapitel 7

Brücken bauen

Tiefere, gesündere, loyalere Beziehungen kultivieren

• • • • •

»Niemand ist eine Insel.«

John Donne

Im Lauf des letzten Jahrzehnts habe ich zahllose Führungskräfte, Manager und Unternehmer getroffen und interviewt. Viele dieser Menschen haben Karrieren und Firmen mit Blut, Schweiß und Tränen aufgebaut ... aber wenn es um die Ethik am Arbeitsplatz geht, kann keiner von ihnen meiner Schwiegermutter Margret das Wasser reichen.

Margret (für mich „Mom") wurde 1958 in Polen geboren. Damals waren die Zeiten hart. Sie wusste, wie es war, wenn man sich durchbeißen musste. Daher hielt sie nie etwas für selbstverständlich. Ihren beiden Töchtern brachte sie die gleiche Grundhaltung bei – die guten Zeiten zu genießen, sich auf harte Zeiten einzustellen und starke Beziehungen zu pflegen.

Insbesondere Letzteres war für Mom ganz natürlich. Ob jemand sie gerade erst kennengelernt hatte oder ob er sie schon seit Jahren kannte, alle spürten, dass sie für Mom wichtig waren – und das machte sie anziehend. Als sie einmal beschloss, ihren Putzjob in der Chefetage eines größeren Autoherstellers aufzugeben, bat die Sekretärin sie zu bleiben. Sie vertraute Mom sehr und hatte sich an ihre erfrischenden Unterhaltungen gewöhnt. Mom entschied sich trotzdem, zu gehen, aber sie hinterließ einen bleibenden Eindruck. Die Sekretärin hielt den Kontakt aufrecht und schaute in Abständen immer wieder auf eine Tasse Kaffee bei Mom zu Hause vorbei.

Ähnlich verhielt es sich mit Laurie und Verdis, dem Pärchen, das Mom bei einem Familienurlaub auf Hawaii kennenlernte. Laurie war ihr als Freundin einer Freundin vorgestellt worden, aber zwischen ihr und Mom entwickelte sich schnell eine enge Beziehung. Bald waren sie unzertrennlich, und am Ende der Ferien flossen beim Abschied die Tränen. Mom und Laurie blieben über Jahre regelmäßig in Kontakt, meist per Brief oder E-Mail. Das hört sich vielleicht nicht weiter ungewöhnlich an, aber da ist noch eine ganze Kleinigkeit …

Mom sprach nämlich kein Englisch. Sie und Laurie kommunizierten durch Übersetzer (meist meine Frau). Trotzdem entstand zwischen ihnen ein unauflösliches Band.

Noch in den letzten Stunden ihres Lebens schloss Mom Freundschaften. Immer wieder dankte sie den Ärzten und Krankenschwestern auf ihrer Station. Sie wollte uns immer allen vorstellen, wenn wir zu Besuch kamen. Mom war fasziniert von der Fähigkeit dieser Menschen, positiv, freundlich und mitfühlend zu bleiben, obwohl ihre Arbeit so hart war und sie jeden Tag Schmerz und Leid mit ansehen mussten. Sie verdienten Anerkennung und Wertschätzung. Mom gab ihnen beides.

Ich könnte noch stundenlang über Moms Fähigkeit reden, eine Beziehung zu anderen Menschen herzustellen – über die Jahre, die sie mit der Pflege ihrer eigenen alternden Mutter und ihrer Schwiegermutter verbrachte, über die endlosen Stunden, die sie freiwillig der Hilfe für andere Menschen widmete. Aber von all den Lektionen, die ich im Lauf der Jahre von Mom gelernt habe, ist dies die wichtigste: Bedeutungsvolle Beziehungen zu kultivieren ist harte Arbeit. Aber sie lohnt sich.

Vom Wert starker Beziehungen

Unser Leben ist abhängig von unseren Beziehungen zu anderen. Vom Moment unserer Geburt an sind wir abhängig von anderen, die uns großziehen, uns ernähren, sich um uns kümmern. Ganz egal, wie unabhängig oder eigenständig wir werden, mit der Hilfe von anderen schaffen wir mehr.

Aber die Frage, was wir erreichen können, ist nur das eine. Forschungen weisen darauf hin, dass gute Beziehungen uns glücklicher und gesünder machen.

Wie können wir also bessere Beziehungen kultivieren?

Vor einigen Jahren stellte sich ein Forschungsteam bei Google die Aufgabe herauszufinden, was Teams erfolgreich macht. Der Codename für die Studie war „Projekt Aristoteles", ein Tribut an den berühmten Satz des Philosophen: „Das Ganze ist größer als die Summe seiner Teile."

Die Forschungsgruppe untersuchte Dutzende Teams und interviewte Hunderte Führungskräfte, Gruppenleiter und Teamangehörige. Sie stellte fest, dass etliche Dinge zur Effektivität eines Teams beitragen, aber der größte einzelne Faktor war, dass die Teamangehörigen so etwas wie „psychologische Sicherheit" spürten.

„In einem Team mit großer psychologischer Sicherheit fühlen sich die Mitglieder so geborgen, dass sie im Kreis der anderen Teamangehörigen Risiken eingehen können", schrieben die Forscher. „Sie vertrauen darauf, dass niemand aus dem Team einen anderen in Verlegenheit bringt oder bestraft, weil er einen Fehler zugibt, eine Frage stellt oder eine neue Idee einbringt."[54]

Einfach ausgedrückt: Hervorragende Teams gedeihen durch Vertrauen.

Manchmal bringen wir völlig fremden Menschen Vertrauen entgegen, ohne uns darüber Gedanken zu machen – etwa dem Piloten, der uns nach Hause fliegt, oder dem Küchenchef, der für uns kocht, wenn wir ausgehen. Aber diese Art Vertrauen ist abhängig von den Umständen. Wenn wir Vertrauen in tiefe Beziehungen einbauen wollen, setzt das voraus, dass der andere über lange Zeit von der Beziehung profitiert.

Unsere Beziehungen sind wie Brücken, die wir zwischen uns und einer anderen Person errichten. Eine starke Brücke muss auf einem soliden Fundament stehen und im Hinblick auf Beziehungen ist dieses Fundament Vertrauen. Ohne Vertrauen kann es keine Liebe, keine Freundschaft und keine dauerhaften Beziehungen zwischen

Menschen geben. Aber da, wo Vertrauen herrscht, besteht auch die Bereitschaft zu handeln. Wenn Sie das Vertrauen haben, dass jemandem Ihre ureigensten Interessen am Herzen liegen, sind Sie bereit, für diesen Menschen praktisch alles zu tun.

In diesem Kapitel skizziere ich praktische Tipps, denen Sie folgen können, um das Vertrauen anderer Menschen zu gewinnen. Denken Sie beim Lesen über die Menschen in Ihrem Leben nach. Inwiefern verhalten Ihre Vertrauten sich genau wie beschrieben? In welchen Bereichen könnten Sie selbst besser werden?

Die Antworten auf diese Fragen helfen Ihnen, tiefere, bedeutungsvollere Beziehungen zu pflegen.

Kommunikation

Vertrauen braucht effektive, regelmäßige Kommunikation.

Durch regelmäßigen Kontakt bleiben Sie mit der Lebensumwelt anderer Menschen in Kontakt. Sie erfahren schnell von Höhen und Tiefen und wie der andere sie meistert. Außerdem vermitteln Sie die Botschaft, dass das, was Ihren Freunden wichtig ist, Ihnen auch wichtig ist.

So hat die Forschungsorganisation Gallup aus einer Reihe von Studien geschlussfolgert, dass die effektivsten Manager eine Kombination aus persönlichen Gesprächen, Telefonanrufen und elektronischer Kommunikation nutzen, um ihre Angestellten zu erreichen. Und sie reagieren auf Anfragen innerhalb von 24 Stunden. Außerdem hat Gallup herausgefunden, dass die meisten Angestellten es schätzen, mit ihren Managern über das, „was in ihrem Leben außerhalb der Arbeit passiert", zu kommunizieren. All diese Dinge tragen zu dem Gefühl bei, dass der Manager oder Gruppenleiter an seinen Mitarbeitern als Person interessiert ist.[55]

Weil Menschen unterschiedlich denken und auch unterschiedlich kommunizieren, ist es wichtig, sich klar auszudrücken. Denken Sie daran, dass niemand Ihre Gedanken lesen kann. Manche Menschen benötigen mehr Details als andere, daher sollten Sie sich bemühen, Ihre Ausdrucksweise so zu wählen, dass Sie verstanden werden.

Und wie sieht es zu Hause aus? Es ist nicht immer leicht, die Zeit für Gespräche zu finden. Eltern haben heute lange Arbeitszeiten. Die Kinder verbringen den Großteil des Tages in der Schule oder mit Freunden und sitzen zu Hause möglicherweise vor dem Computer. Wie schafft man es, mit nahestehenden Menschen eine regelmäßige Kommunikation zu pflegen?

Nehmen Sie sich vor, einmal am Tag eine Mahlzeit gemeinsam einzunehmen. Und anstatt mit elektronischen Geräten zu konkurrieren, machen Sie sich diese zunutze: Verwenden Sie elektronische Nachrichtendienste oder soziale Medien, um mit Ihren Familienangehörigen in Kontakt zu bleiben. Berichten Sie von Ihrem Tag und fragen Sie, wie es ihnen ergangen ist. Das soll das persönliche Gespräch nicht ersetzen, sondern ergänzen. Eine kurze Nachricht an Ihre Partnerin oder Ihre Kinder, einfach mit der Botschaft „Danke dir", „Ich denke an dich" oder „Ich liebe dich", kann dazu beitragen, Vertrauen und emotionale Sicherheit aufzubauen – und den Wunsch vergrößern, mehr Zeit persönlich miteinander zu verbringen.

Authentizität

Authentizität schafft Vertrauen. Wir fühlen uns zu Menschen hingezogen, die wir für authentisch halten, für glaubwürdig. Aber was heißt das genau?

Authentische Menschen teilen ihre wahren Gedanken und Gefühle mit anderen. Sie wissen, dass ihnen nicht jeder zustimmt, aber für sie ist das in Ordnung. Sie wissen auch, dass sie nicht perfekt sind, aber sie haben keine Angst, ihre Fehler zu zeigen, weil sie wissen, dass es anderen genauso geht. Authentische Menschen sind beziehungsfreudig, weil sie andere so akzeptieren, wie sie sind.

Natürlich ist es deutlich leichter „sei authentisch" zu sagen, als das in die Tat umzusetzen. Manche Aspekte der emotionalen Intelligenz können dabei sogar im Weg stehen.

Wenn Sie beispielsweise über ein hohes Maß an Fremdwahrnehmung verfügen, sind Sie möglicherweise besonders empfänglich für die Wirkung, die Ihre Worte und Taten auf andere haben. Eine solche Sensibilität kann hilfreich sein, wenn sie mehr Takt und Respekt zur Folge hat. Aber sie kann hinderlich sein, wenn es darum geht, Vertrauen zu wecken, falls Sie deswegen Ihre wahren Gefühle verbergen und Dinge sagen, die Sie nicht meinen.

Apple-Geschäftsführerin Angela Ahrendts hat über genau diesen Punkt in einem Interview mit der Journalistin Rebecca Jarvis gesprochen. Als sie nach dem für sie persönlich schlimmsten Tipp zu ihrer Karriereplanung gefragt wurde, erzählte Ahrendts von der Zeit, als sie für eine große Firma arbeitete und ein Personalentwickler ihr sagte, sie müsse Veränderungen vornehmen – beispielsweise nicht so emotional mit den Händen wedeln – wenn sie ernsthaft eine Führungsposition anstrebe.

Folglich reiste Ahrendts auf Empfehlung ihrer Firma nach Minneapolis, um dort einen Coach zu treffen, der sie filmen und ihre Körpersprache einer kritischen Beurteilung unterziehen sollte. „Geplant waren mehrere Tage, aber ich blieb nur wenige Stunden", erklärt Ahrendts. „Um die Mittagszeit am ersten Tag guckte ich mir die Leute an und sagte: ‚Ich muss los. Ich möchte nicht zu einem Menschen werden, der ich nicht bin. Ich mag mich und war bisher ziemlich erfolgreich, genau so wie ich bin. Ich bin in einer wirklich großen Familie aufgewachsen und, wissen Sie, meine Mom mochte mich, meine Freunde mögen mich … Titel oder Positionen sind mir ziemlich egal. Wissen Sie, ich muss jeden Morgen mit mir aufwachen und möchte dann einfach der beste Mensch sein, der ich sein kann. Ich möchte nicht die Person sein, zu der Sie mich machen wollen. Daher tut es mir leid, ich muss gehen.' Also bin ich gegangen. Und auf den Tag einen Monat später bekam ich den Anruf, ich solle CEO von Burberry werden."

„Ich denke also: Bleib dir selber treu."[56]

Authentizität bedeutet nicht, dass man ständig jedem alles von sich erzählt. Es bedeutet aber zu sagen, was man meint; zu meinen, was man sagt und vor allen Dingen den eigenen Werthaltungen und Prinzipien treu zu bleiben.

Nicht jeder wird von Ihnen begeistert sein. Aber diejenigen, die Ihnen wichtig sind, werden es sein.

Hilfsbereitschaft

Besonders schnell gewinnt man das Vertrauen eines Menschen, indem man ihm hilft.

Denken Sie an Ihren Lieblingschef oder Ihren Lieblingslehrer. Wo er studiert hat, welche Art von Abschluss er hat, sogar seine früheren Erfolge – all das spielt für Ihre Beziehung keine Rolle. Aber wie steht es mit den Stunden, die er sich Zeit genommen hat, um Ihnen zuzuhören oder Ihnen zu helfen? Mit seiner Bereitschaft, sich herabzulassen und Seite an Seite mit Ihnen zu arbeiten?

Verhaltensweisen wie diese schaffen Vertrauen.

Das gleiche Prinzip gilt im Familienleben. Häufig sind es die kleinen Dinge, die wichtig sind: das Angebot, eine Tasse Kaffee oder Tee zu machen; den Abwasch oder eine andere Hausarbeit zu übernehmen; die Einkäufe aus dem Auto zu tragen.

Tatsächlich war es meine Hilfsbereitschaft, die mir half, meine Frau für mich zu gewinnen. Wir waren viele Jahre befreundet, ehe ich sie bat, mit mir auszugehen, doch sie lehnte ab. Das traf mich sehr. Sie sagte, wir könnten immer noch Freunde sein – ich war mir nicht sicher, ob das funktionieren würde. Aber ich wusste, sie war etwas Besonderes, und ich wollte sie nicht ganz verlieren, daher stimmte ich zu.

Irgendwie gelang es uns, befreundet zu bleiben. Ein Jahr später nahm ich wahr, dass sich ihre Gefühle mir gegenüber verändert hatten … also fragte ich, ob sie es sich noch einmal überlegen wolle.

2018 haben wir unseren zehnjährigen Hochzeitstag gefeiert.

Als wir zusammen waren, fragte ich sie, warum sie ihre Meinung geändert hatte. „Du hast nie aufgehört, nett und hilfsbereit zu sein", sagte sie. „Wenn man anderen Typen eine Abfuhr erteilt hat, wurden sie gemein oder haben einen beschuldigt, man sei plötzlich eine ganz andere Person. Bei dir war das anders. Du hast mir durch schwierige Zeiten geholfen, selbst nachdem ich dich zurückgewiesen hatte. Dann waren wir schon so lange befreundet und ich begann zu denken: Ich weiß, er wird ein großartiger Ehemann sein – warum nicht für mich?"

Denken Sie daran, egal ob Sie die Beziehung zu einem Freund, einem Menschen, den Sie lieben, oder einem Kollegen kultivieren: Vertrauen ist eine langfristige Angelegenheit. Helfen Sie, wo immer und wann immer Sie können.

Bescheidenheit

Wer helfen möchte, braucht Bescheidenheit. Bescheiden sein heißt nicht, dass es einem an Selbstvertrauen mangelt oder dass man für die eigenen Prinzipien nicht eintritt. Vielmehr bedeutet es, klar zu sehen, dass man nicht alles weiß – und dass man bereit ist, von anderen zu lernen.

Wenn Sie beispielsweise jünger oder weniger erfahren sind als Ihre Kunden oder Kollegen, sollten Sie das akzeptieren und es im Hinterkopf behalten. Wenn Sie bereit sind zu lernen, signalisieren Sie damit Bescheidenheit und verdienen sich auf natürliche Weise Respekt.

Wenn Sie ganz im Gegensatz älter und erfahrener sind, zeigen Sie Respekt, indem Sie neue Ideen oder Vorgehensweisen nicht einfach ablehnen. Stattdessen würdigen Sie die Menschen, mit denen Sie zusammenarbeiten, indem Sie um ihre Ansichten und Standpunkte bitten – und indem Sie tatsächlich gut zuhören, wenn sie sprechen. Wenn beiden Seiten klar ist, dass der jeweils andere etwas Wertvolles anzubieten hat, entsteht eine sichere Umgebung, in der Wachstum möglich ist.

Zur Bescheidenheit gehört auch, dass man bereit ist, sich zu entschuldigen.

„Es tut mir Leid“ können die schwierigsten vier Wörter überhaupt sein, aber auch die mit der größten Wirkung. Wenn Sie bereit sind, Fehler einzugestehen, ist das eine klare Aussage, wie Sie sich selbst in der Beziehung zu anderen sehen. Es wirkt auf natürliche Weise anziehend und baut Vertrauen und Loyalität auf.

Wenn Sie sich entschuldigen, heißt das nicht immer, dass Sie falsch liegen und die andere Person recht hat. Es bedeutet, dass Sie die Beziehung über Ihr Ego stellen.

Aufrichtigkeit

Den meisten Menschen ist klar, dass Aufrichtigkeit und Vertrauen Hand in Hand gehen. Aber zur aufrichtigen Kommunikation gehört mehr als nur zu sagen, was Sie ehrlich glauben. Sie müssen Halbwahrheiten meiden und dafür sorgen, dass Ihre Informationen nicht missverstanden werden können. Wenn Sie sich auf technische Details, Schlupflöcher und Ausweichstrategien konzentrieren, kann das vor Gericht zum Erfolg führen – Vertrauen gewinnen Sie so nicht.

Wer andere täuscht, hat möglicherweise kurzfristig Erfolg, aber früher oder später kommt die Wahrheit ans Licht. Im Gegensatz dazu stechen diejenigen hervor, die aufrichtig sind. Sie sind die wertvolleren Mitarbeiter und sie geben zu Hause ein Gefühl der Sicherheit. Sie sind die Freunde, deren Meinung einem wirklich wichtig ist.

Verlässlichkeit

Heute ist es beinahe schon üblich, dass Menschen eine Vereinbarung oder Verpflichtung nicht einhalten, wenn ihnen danach ist. Ob es sich um Pläne fürs Wochenende mit einem Freund handelt, um eine geschäftliche Vereinbarung, die per Handschlag besiegelt wurde, oder um ein Versprechen, das man einem geliebten Menschen gegeben hat – viele haben keine Schwierigkeiten damit, von ihrem Wort zurückzutreten, wenn es auch nur die kleinste Unannehmlichkeit bedeuten kann, dazu zu stehen.

Es gibt jede Menge Gründe, warum Menschen Vereinbarungen nicht einhalten. Häufig steckt dahinter eine ganz einfache Wahrheit: Wir leben sehr auf den Moment bezogen. Wenn der unmittelbare Vorteil, Ja zu sagen, die Unannehmlichkeiten des Neinsagens überwiegt, gehen die meisten Menschen eine Verpflichtung ein – ohne darüber nachzudenken, ob und wie sie in der Lage sein werden, sie zu erfüllen.

Worauf kommt es also an, wenn man seinem Wort treu bleiben möchte?

Selbstwahrnehmung und Selbstkontrolle können dabei helfen, keine Verpflichtungen einzugehen, an die man sich nicht halten will. Beispielsweise kann eine positive Perspektive einen Menschen dazu veranlassen, bei der Arbeit zu viel zu versprechen. Wenn die Realität ihn dann einholt, kann er nicht liefern. Wer das feststellt, sollte das nächste Mal eine Pause einlegen und noch einmal nachdenken, ehe er Dinge verspricht, die er nicht halten kann. Das kann dabei helfen, weniger Aufgaben zu übernehmen und Termine einzuhalten.

Forscher haben herausgefunden, dass Menschen, die viel versprechen, ihre Verpflichtungen vermutlich eher einhalten, wenn die Vereinbarung mit einem Gefühl der moralischen Verantwortung verbunden ist. Mit anderen Worten, diese Menschen liefern das, was sie versprochen haben, weil es „richtig ist, das zu tun“. Selbst wenn die Ausführung unbequem oder nachteilig sein sollte.[57]

Natürlich gibt es verschiedene Stufen der Verpflichtung. Wenn man einen Filmabend bei einem Freund absagt, ist das vermutlich weniger problematisch, als ein Versprechen gegenüber einem

Kind zu brechen oder einen Geschäftstermin nicht einzuhalten, auf den andere angewiesen sind. Und manchmal sind es wirklich mildernde Umstände, die einen daran hindern, einem Vorhaben treu zu bleiben.

Aber wenn Sie es sich zur Gewohnheit machen, Ihr Wort zu halten – egal ob es sich um kleine oder große Dinge handelt – wird Ihnen der Ruf der Verlässlichkeit und Vertrauenswürdigkeit vorauseilen.

Zeigen Sie ein wenig Liebe

Vor Jahren war ich Leiter eines Projekts und Jessica, die erfahrenste Mitarbeiterin im Team, musste sich ziemlich abrackern. Dabei ging es nicht um ihre Arbeit – sie leistete Hervorragendes – sondern sie fühlte sich ausgebrannt. Der Kunde, mit dem wir es zu tun hatten, war alles andere als einfach, und Jessica sagte: „Ich bin kein Küken mehr, weißt du. Ich halte das nicht mehr aus."

Ich versicherte ihr, ich würde ihre Arbeit sehr schätzen und sie in Zukunft nicht mehr für ähnliche Aufgaben einsetzen. Die letzten Tage des Projekts arbeiteten wir ohne Jessica, weil sie zu einem anderen Projekt gewechselt war. Als wir dabei waren, alles abzuschließen, erhielten wir ein großartiges Lob vom Kunden und ich wusste, wem ich das zuerst sagen wollte.

Nachdem ich Jessica gefragt hatte, wie der Rest der Woche verlaufen war, überbrachte ich ihr die gute Nachricht. Ich erzählte ihr, dies sei das beste Feedback, das wir *je* von einem Kunden bekommen hatten. Es sei so bedeutsam, gerade weil es von ihm komme. Außerdem dankte ich ihr speziell für ihre Rolle bei diesem Projekt und sagte ihr, ohne ihre Arbeit wäre es nicht so gut gelaufen.

Man konnte ihr Lächeln durch die Leitung hören. Sie dankte mir (zweimal), weil ich mir die Zeit genommen hatte, sie anzurufen. Und am Ende sagte sie: „Sie wissen gar nicht, was mir dieses Gespräch bedeutet. Wenn ich in Zukunft mal aushelfen kann, werde ich das gern tun."

Wow. Was für eine Veränderung.

Diese Geschichte illustriert, wie wichtig ehrliches und authentisches Lob ist. Ich hatte nicht versucht, ihr zu schmeicheln, nur damit sie in Zukunft wieder für mich arbeitet. Ich hatte mir einfach die Zeit genommen, diejenige zu loben, die das Lob verdient hatte – etwas, das viele Leute bedauerlicherweise nicht tun. Ja, in einer nicht funktionierenden Beziehung ist das tatsächlich eine häufige Klage: „Mir fehlt einfach die Wertschätzung."

Menschen wollen gern gelobt werden. Das Problem ist, dass es manchen Menschen extrem schwerfällt, anderen positive Verstärkung oder Ermutigung zu geben – weil sie selbst nie die Erfahrung gemacht haben. Aber selbst wenn man in einer extrem kritischen Umgebung aufgewachsen ist, kann man seine Einstellung verändern, indem man sich auf Folgendes konzentriert:

1. Seien Sie ehrlich

Wenn Sie jemandem schmeicheln oder ihm ein oberflächliches Kompliment machen, funktioniert das auf lange Sicht nicht. Sie sollten Belobigung auch nicht als eine Aufgabe sehen, die es einfach abzuhaken gilt. Vielmehr beruht ehrliches Lob darauf, dass man im anderen immer das Beste sucht.

Doch wie sieht es aus, wenn Sie Mühe haben, etwas zur Belobigung zu finden? Vielleicht denken Sie: Ich kann nicht authentisch sein und einfach alle loben, nicht wahr?

Falsch.

Jeder verdient es, für irgendetwas gelobt zu werden. Indem Sie lernen, diese Talente zu erkennen, zu identifizieren und den Betreffenden dafür zu loben, fördern Sie das Beste in den Menschen zutage.

Wer so denkt, erzieht sich dazu, im anderen das Gute zu sehen. Und er wird dazu angeregt, spontanes Lob auszusprechen. Wenn Sie einen Angestellten dabei beobachten würden, wie er etwas Gefährliches tut, würden Sie auch nicht lange mit der Korrektur warten, nicht wahr? Genauso sollten Sie Ihre Angestellten positiv verstärken, wenn Sie positives Verhalten wahrnehmen – dann machen sie damit weiter.

2. Seien Sie genau

Es ist sicher eine gute Idee, anderen gegenüber Ihre allgemeine Wertschätzung zum Ausdruck zu bringen, aber je genauer Sie sein können, desto besser. Sagen Sie den Menschen, was Sie wertschätzen und warum.

Am Arbeitsplatz kann das beispielsweise so aussehen:

„Hi _______, haben Sie eine Minute Zeit? Ich möchte Ihnen etwas sagen. Ich weiß, ich sage es nicht oft genug, aber ich schätze wirklich, was Sie hier tun. Die Art und Weise, wie Sie [*hier einfügen: spezielle Aufgabe in einem Projekt, gegenüber einem Kunden, bei einem Problem*] – das war großartig. Ich konnte wirklich Ihre [*hier einsetzen: spezielle Fähigkeit*] in Aktion beobachten und wie sehr uns das nützt. Machen Sie weiter so!"

Wie würden *Sie* sich nach einer solchen Belobigung fühlen?

Natürlich muss dieses Lob von Ihnen ganz persönlich kommen. Die anderen spüren dann Ihre Aufrichtigkeit und fühlen sich davon angezogen.

Ein Vorbehalt: Wie bei allen anderen Dingen ist auch in diesem Fall das richtige Gleichgewicht wichtig. Wenn Sie eine schlechte Leistung loben, werden Sie in Zukunft weitere schlechte Leistungen bekommen. Und wenn Sie allzu großzügig mit Lob für alles und jeden um sich werfen, nehmen die Leute Sie nicht ernst.

In der Realität ist das jedoch selten ein Problem. Tatsächlich haben viel mehr Menschen das Gefühl, ihre Bemühungen werden nicht ausreichend gewürdigt oder gar nicht zur Kenntnis genommen. Darum ist Lob so wirksam: Wenn Sie es sich zur Gewohnheit machen, anderen Ihre Wertschätzung auszusprechen, zahlen diejenigen mit gleicher Münze zurück.

Nehmen Sie sich einen Monat lang jeden Tag 20 Minuten Zeit, um darüber nachzudenken, was Sie an jemandem schätzen, der Ihnen wichtig ist. Das kann Ihr Lebensgefährte sein (oder ein anderes Familienmitglied), ein Freund, ein Geschäftspartner oder ein Kollege – sogar ein Konkurrent!

Dann nehmen Sie sich einen Moment Zeit, um dem Betreffenden eine kurze Notiz zu schreiben, ihn anzurufen oder ihn aufzusuchen. Sagen Sie ihm genau, wie er Ihnen hilft oder was Sie an ihm schätzen. Sprechen Sie nicht über irgendwelche anderen Themen oder Probleme. Zeigen Sie einfach ein wenig Liebe.

Besser als Pizza

Dan Ariely, Professor für Psychologie und Verhaltensökonomik an der Duke University, hat die Bedeutung von Lob in einem interessanten Experiment beleuchtet. In seinem Buch *Payoff: The Hidden Logic That Shapes Our Motivations* erzählt Ariely von einer einwöchigen Aufgabenstellung, bei der den Mitarbeitern einer Halbleiterfabrik eine von drei Belohnungen versprochen wurde, wenn sie in der Lage wären, eine bestimmte Anzahl von Chips pro Tag zu produzieren. Nämlich:

- ein Bargeldbonus von rund 30 Dollar
- ein Gutschein für eine Pizza
- eine Textnachricht vom Chef: „Gut gemacht!"

Eine vierte Gruppe, die Kontrollgruppe, erhielt nichts.

Interessanterweise war am ersten Tag die Pizza als Anreiz besonders beliebt – sie erhöhte die Produktivität um 6,7 Prozent gegenüber der Kontrollgruppe. Das ist überraschend, wenn man bedenkt, dass das Bargeld nur für eine 4,9-prozentige Erhöhung sorgte … und über die ganze Woche hinweg sogar zu einem Absinken der Produktivität um 6,5 Prozent führte.

Aber noch interessanter ist, was sich im Blick auf die gesamte Woche als größter Anreiz erwies: die Belobigung.[58]

Wenn also das Versprechen einer einfachen Textnachricht vom Chef die Produktivität erhöhen kann, was kann dann erst echtes, ehrliches und authentisches Lob bewirken?

Vom Negativen zum Konstruktiven

Während Lob und Anerkennung uns motivieren und begeistern, brauchen wir negatives Feedback, um persönlich zu wachsen. Deswegen habe ich Ihnen in Kapitel 4 nahegelegt, negatives Feedback als Geschenk zu sehen.

Wenn es jedoch daran geht, Kritik loszuwerden, muss Ihnen klar sein, dass die meisten Menschen das nicht so sehen. Sie neigen dazu, negatives Feedback als Angriff wahrzunehmen, und reagieren entsprechend. Deswegen mag Sie die Angst vor einer Auseinandersetzung davon abhalten, anderen zu sagen, was sie dringend hören müssen.

„Wir machen uns Gedanken über die Reaktion der anderen Person", erläutert Erika Andersen, Autorin von *Growing Great Employees* in einem Artikel für *Forbes*. „Was wenn derjenige böse wird? Wenn er oder sie anfängt zu weinen? Wenn er sagt, ich sei ein Idiot? Wenn er extrem defensiv reagiert und *mich* angreift? Außerdem weiß man manchmal nicht, was man sagen soll. ‚Ich kann diesem Menschen nicht einfach sagen, dass seine Einstellung grundfalsch ist', sagen wir uns im Stillen. ‚Er wird einfach entgegnen, seine Einstellung sei großartig, ich würde ihn nicht verstehen/nicht respektieren und so würde seine Leistung noch schlechter werden.'"[59]

Um mit dieser Angst vor der Konfrontation umzugehen, greifen viele auf die Sandwich-Methode zurück, wenn es daran geht, Kritik zu äußern. Man sagt zunächst etwas Positives, dann folgt die Kritik, und am Ende schließt man wieder positiv. Aber diese Strategie ist problematisch: Manch einer wird die Belobigungen durchschauen und ausblenden. Ihm ist klar, dass es nicht darum geht. Das positive Feedback ist also verschwendet, selbst wenn es zutreffend sein sollte. Bei anderen tritt der umgekehrte Fall ein: Sie hören nur das Gute und die Punkte, die es zu verbessern gilt, werden nicht einmal wahrgenommen.

Aber wie sollen Sie negatives Feedback loswerden, wenn Sie auf die Sandwich-Technik verzichten? Ich habe festgestellt, dass die folgende Methode gut funktioniert:

1. Geben Sie Ihrem Gegenüber Gelegenheit, sich zu äußern

Wenn Sie Ihrem Gesprächspartner ein gewisses Maß an Kontrolle übertragen, beruhigt ihn das. Außerdem erfahren Sie Details darüber, wie er die Situation sieht. Das kann Ihnen das weitere Vorgehen erleichtern.

2. Nehmen Sie die Gefühle Ihres Gegenübers zur Kenntnis und zeigen Sie Mitgefühl

Wenn die Person zugibt, dass sie Schwierigkeiten hat, können Sie erzählen, wie es Ihnen in einer ähnlichen Situation ergangen ist und wie andere Ihnen in der Vergangenheit geholfen haben.

3. Stellen Sie die richtigen Fragen

Durch die richtigen Fragen erfahren Sie mehr über das, was Ihr Gegenüber denkt, und über Lücken in seinem Wissensstand oder seiner Sicht der Dinge. Wenn etwas nicht stimmt und derjenige es nicht wahrnimmt, bitten Sie um die Erlaubnis mitzuteilen, was Ihnen oder anderen aufgefallen ist.

4. Danken Sie Ihrem Gegenüber fürs Zuhören

Anstatt die Personen für etwas zu loben, das mit der Sache gar nichts zu tun hat, danken Sie ihr lieber für ihre Offenheit und dafür, dass sie sich Ihr Feedback angehört hat.

Indem Sie dem Empfänger helfen, Ihre Kommentare als hilfreich und nicht als abträglich zu sehen, verwandeln Sie Ihr Feedback aus einer destruktiven Äußerung in eine konstruktive.

Wie kann das in der Realität aussehen? Stellen Sie sich folgendes Szenario vor.

Sie sind ein Manager am Arbeitsplatz und Jenny, Mitarbeiterin in Ihrem Team, hat kürzlich eine Präsentation mit erheblichen Mängeln abgeliefert. Sie verabreden einen Termin zum Gespräch.

Sie: „Jenny, vielen Dank für Ihre Präsentation gestern. Ich wollte mal hören, was Sie denken. Wie schätzen Sie Ihre Präsentation ein?"

Jenny: „Ehrlich gesagt, mir fällt das Präsentieren furchtbar schwer. Ich bereite mich immer gründlich vor und weiß wirklich über alles Bescheid. Aber vor einer Gruppe bin ich entsetzlich nervös. Mein Selbstvertrauen ist im Keller, ich fange an zu stottern … und auf einmal weiß ich gar nichts mehr."

Sie: „Ach so. Es tut mir leid, dass das für Sie so schlimm ist. Wissen Sie, ich selbst bin auch immer noch aufgeregt bei einer Präsentation."

Jenny: „Ernsthaft? Aber Sie wirken auf dem Podium so perfekt."

Sie: „Danke. Ich habe das im Lauf der Jahre natürlich immer wieder geübt. Sie sagen, Sie haben sich viel Zeit zur Vorbereitung genommen? Das ist großartig – es ist wohl das Beste, was Sie tun können. Darf ich fragen: Wie haben Sie sich dieses Mal vorbereitet?"

Jenny: „Zunächst habe ich alle Folien selbst gemacht – weil ich eine ganz bestimmte Vorstellung davon hatte, wie ich die Botschaft transportieren wollte. Das hatte ich schon vor Wochen fertig, abgesehen von Kleinigkeiten. Im Kopf bin ich die Folien dann bestimmt tausendmal durchgegangen."

Sie: „Aha. Haben Sie die Präsentation einmal laut geübt, bevor Sie den Vortrag gehalten haben?"

Jenny: „Hm … nein. Das habe ich nicht getan."

Sie: „Ich habe das auch nicht gemacht, bis mich jemand darauf angesprochen hat. Mir hat es wirklich geholfen – eine Präsentation hört sich in meinem Kopf ganz anders an als beim Sprechen. Wenn ich mir selbst zuhöre, fällt mir auf, dass manche Dinge für mich Sinn machen, aber vielleicht nicht für andere, die mit dem Thema nicht vertraut sind. Wenn Sie jemanden finden, der Ihnen bei einem Probelauf zuhört, ist das noch besser."

Jenny: „Wow. Das ist sehr hilfreich. Danke."

Sie: „Sehr gern. Ihnen auch vielen Dank – weil Sie offen darüber gesprochen haben und auf meine Anmerkungen eingegangen sind. Das kann nicht jeder, wissen Sie."

Jenny: „Vielen Dank!"

Bedenken Sie, dass so etwas nicht in jeder Situation möglich ist. Aber es kann ein Anfang sein.

Wenn Sie Ihre Bedenken mitteilen, sollten Sie der anderen Person unbedingt Gelegenheit zu einer Reaktion geben. Seien Sie offen für die Möglichkeit, dass Ihnen etwas entgangen ist oder dass Sie sogar zu der unerfreulichen Situation beigetragen haben. (In dem

Gespräch oben hätte Jenny beispielsweise sagen können: „Ich wollte ja üben, aber bei all der Extraarbeit, die Sie mir aufgebürdet haben, hatte ich keine Zeit!") Konzentrieren Sie sich dabei nicht darauf, ob die andere Person *falsch* liegt. Versuchen Sie lieber, die Situation zu verbessern.

Wenn ein gewisses Maß an Vertrauen vorhanden ist, können Sie korrektives Feedback auch direkt äußern. Da der Empfänger bereits den Eindruck gewonnen hat, dass Sie auf seiner Seite stehen, wird er mit größerer Wahrscheinlichkeit verstehen, dass das, was Sie zu sagen haben, in seinem Interesse liegt. Wenn Sie mit so einem Menschen sprechen, können Sie einfach fragen: „Darf ich Ihnen ein wenig konstruktives Feedback geben?" Und dann formulieren Sie es kurz und bündig.

Schließlich dürfen Sie nicht vergessen: Wenn Sie sehen, dass jemand Fortschritte macht, sollten Sie das auf alle Fälle sagen. So verstärken Sie positives Verhalten.

Besonders viel über die Wirkung von gutem Feedback habe ich von einem meiner ersten Chefs gelernt. Marc war ein freundlicher Mensch mit reichlich Humor – der meist das Gute im Blick hatte und seine Mitarbeiter loben wollte.

Aber wenn wir etwas vergeigt hatten, ließ er uns das ebenfalls wissen. Manchmal hieß es dann: „Lass uns mal spazieren gehen." Ein anderes Mal hatte man mehr das Gefühl, zum Schulleiter gerufen zu werden. Aber immer hatte ich das Gefühl, dass Marc sich wirklich Gedanken machte. Er wollte, dass die Abteilung Erfolg hatte, und er wollte auch, dass ich Erfolg hatte. Jahre später habe ich darüber mit meinen alten Kollegen gesprochen, und ihnen ging es genauso.

Wenn Sie lernen, gutes Feedback zu geben – positiv wie negativ – verändert das Ihre Wirkung auf andere. Sie sind nicht mehr der ahnungslose Chef, der seine Leute einfach nicht versteht, der Partner oder Erziehungsberechtigte, den man unmöglich zufriedenstellen kann. Stattdessen sind Sie jemand, der sich um seine Leute kümmert, der ihre Unterstützung hat und dafür sorgt, dass sie besser werden.

Beziehungen aufbauen, einen Schritt (und ein Dankeschön) nach dem anderen

Als der amerikanische Geschäftsmann Douglas Conant 2001 die Firma Campbell's Soup als Präsident und CEO übernahm, stand er vor einer gewaltigen Herausforderung. „Die Aktien der Firma gingen gewaltig in den Keller", schreibt Führungsexperte und Bestsellerautor Rodger Dean Duncan in einer Kurzbiographie für *Fast Company*. „Von allen großen Lebensmittelfirmen der Welt war Campbell's die am schlechtesten notierte. Conants Aufgabe bestand darin, der Firma wieder zu alter Größe zu verhelfen."

Vielen erschien das praktisch unmöglich. Conant selbst beschrieb die Unternehmenskultur als „vergiftet". Duncan zufolge waren die Mitarbeiter völlig entmutigt, das Management war zerrüttet, Vertrauen war praktisch nicht mehr vorhanden.

Doch irgendwie gelang Conant das Unmögliche. In weniger als einem Jahrzehnt vollführte die Firma eine bemerkenswerte Wende und übertraf sogar den S&P 500. Die Verkaufszahlen und die Gehälter stiegen. Das Engagement der Angestellten entwickelte sich vom unteren Ende der Fortune-500-Liste zu einem Platz an der Spitze und die Firma erhielt zahlreiche Auszeichnungen.

Wie hat Conant das gemacht?

Einfach gesagt, konzentrierte sich der neue oberste Chef darauf, Vertrauen zu schaffen. Er kommunizierte gut, war ein leuchtendes Vorbild, lobte aufrichtig und zielgerichtet und hielt das, was er versprach.

So führte Conant bald nach seiner Übernahme der Verantwortung bei Campbell's eine charakteristische Gepflogenheit ein: Er befestigte einen Schrittzähler an seinem Gürtel, zog Wanderschuhe an und sprach mit so vielen Angestellten wie möglich. „Sein Ziel bestand darin, am Tag 10.000 Schritte zurückzulegen", berichtet Duncan. „Diese kurzen Begegnungen hatten viele Vorteile. Sie hielten ihn auf dem Laufenden, was in der Firma los war. Sie ermöglichten ihm, mit Menschen auf allen Ebenen persönlich zu sprechen. Und sie halfen den Menschen, mit der Neuausrichtung der Firma und der neuen Firmenstrategie ein bestimmtes Gesicht zu verbinden."

Außerdem schrieb Conant bis zu 20 Notizen pro Tag an Mitarbeiter per Hand, um sie für das Erreichte zu loben. „Die meisten Firmen sind nicht besonders gut darin, die Leistungen ihrer Mitarbeiter zu feiern", sagt Conant. „Daher habe ich die Gepflogenheit eingeführt, Dankesnotizen an unsere Mitarbeiter zu schreiben. Im Lauf von zehn Jahren habe ich mehr als 30.000 Notizen geschrieben und wir haben nur 20.000 Angestellte. Wo immer ich in der Welt hinkam, fand ich meine handgeschriebene Notizen an den Pinnwänden in den Büros der Angestellten."

Duncan fasst die Lektionen aus Conants Erfolgsstory so zusammen:

„Die Botschaft ist wichtig. Wiederholungen sind wichtig. Klarheit ist wichtig. Und der persönliche Touch … In einer Zeit, in der das Informationszeitalter längst zum Unterbrechungszeitalter geworden ist, sehen große Firmenchefs wie Doug Conant alltägliche Interaktionen mit neuen Augen. Jede Interaktion – ob geplant oder spontan, beiläufig oder nach Regieanweisung, im Konferenzraum oder in der Produktionshalle – ist eine Gelegenheit, für Veränderungen offene Führung zu praktizieren."[60]

Und, so dürfen wir hinzufügen, eine Gelegenheit starke Beziehungen auf der Basis von Vertrauen zu begründen.

Eine Brücke bauen, die trägt

Vertrauen ist das Fundament, auf dem eine glückliche Ehe beruht, die immaterielle Qualität, nach der die besten Teams funktionieren. Deswegen hören Sie auf Ihre Friseurin oder Ihren Innenarchitekten – und so erreichen die größten Firmen eine ganz besondere Kundenloyalität.

Tiefes, lang anhaltendes Vertrauen setzt voraus, dass man zu anderen eine emotionale Beziehung herstellt. Aber das geschieht nicht über Nacht und auch nicht per Zufall. Vertrauen entsteht dann, wenn eine Person unter Beweis stellen kann, dass sie vertrauenswürdig ist. Es ist eine Form des Zutrauens, das jene auslösen, die beweisen, dass sie helfen und nicht schaden wollen – ein Glaube an den Kapitän, der das Schiff nicht verlässt, und die Mannschaft, die an seiner Seite steht. Manchmal macht Vertrauen es erforderlich, außerordentliche Maßnahmen zu ergreifen. Manchmal geht es schlicht ums Durchhalten.

Aber immer geht es darum, immer da zu sein.

Jedes Versprechen, das Sie erfüllen, jede kleine Tat, die Sie vollbringen, jedes ehrliche und gezielte Lob, das Sie äußern, und jede Anstrengung, die Sie unternehmen, um Mitgefühl zu zeigen, trägt dazu bei, tiefe und vertrauensvolle Beziehungen aufzubauen – wie unzählige zarte Pinselstriche, die ein wunderschönes Bild ergeben.

Doch hüten Sie sich: Es kann Jahre dauern, Vertrauen aufzubauen, aber man kann es in einem Augenblick zerstören. Eine Lüge kann Jahre, in denen Sie immer die Wahrheit gesagt haben, zunichtemachen. Eine einzige harte Kritik kann eine Beziehung für immer verändern.

Natürlich machen wir alle Fehler. Deshalb helfen Sie anderen auf, wenn sie straucheln. Wenn Sie um Ihre eigenen Grenzen wissen, fällt es Ihnen leichter, andere zu ermutigen und aufzubauen, sie nicht zu entmutigen und zu zerstören. Wenn Sie sich auf das Gute konzentrieren, geschickt eigene Erfahrungen vermitteln oder einfach die betreffende Person daran erinnern, dass jeder mal einen schlechten Tag hat, machen Sie nicht nur das Beste aus einer schlechten Situation – Sie gewinnen das Vertrauen Ihres Gegenübers und halten ihn dazu an, sein Bestes zu geben.

In aller Regel sind Menschen mehr als bereit, sich für solche Wohltaten zu revanchieren.

Kapitel 8

Die Schattenseite

Von Dr. Jekyll zu Mr. Hyde

• • • • •

»Die Macht, Gutes zu tun, ist zugleich die Macht, Böses zu tun.«

Milton Friedman

Die Mitte des 20. Jahrhunderts erlebte eine der seltsamsten und schrecklichsten Entwicklungen in der menschlichen Geschichte. Adolf Hitler, sozialer Außenseiter, Künstler und Soldat, machte in Deutschland politische Karriere und gewann zunehmend an Einfluss. Als frisch gebackener Diktator führte er sein Land in den zweiten Weltkrieg und organisierte in der Folge einen der größten Völkermorde der Geschichte.

Aber wie konnte Hitler in einem demokratischen Land an die Macht gelangen?

Nachdem Deutschland den ersten Weltkrieg verloren hatte, herrschten im Land Chaos und Zerstörung. Die Wirtschaft lag am Boden und die Arbeitslosigkeit war hoch. Deutsche Patrioten und Veteranen hatten das Gefühl, von der Politik betrogen zu werden. Hitler lieferte ihnen einen Sündenbock: Hunderttausende Juden, die in die deutsche Gesellschaft integriert waren, aber dennoch als Außenseiter wahrgenommen wurden. Er beschuldigte sie und andere Randgruppen, die Schuld an Deutschlands Problemen zu tragen und entwickelte einen Plan, um das Land wieder zur Größe zu führen.

Besonders bemerkenswert war Hitlers Fähigkeit, die negativen Emotionen Angst, Wut und Ablehnung anzuzapfen und mit ihrer Hilfe die Unterstützung der Massen zu gewinnen. Er war ein begabter Redner, der mit Selbstvertrauen und Charisma sprach. Seine Reden bereitete er sorgfältig vor. Er studierte nicht nur die Wörter ein, sondern auch seinen Gesichtsausdruck und die Handbewegungen. Seine Anhänger hingen mit Inbrunst an seinen Lippen. Hitlers Reden zogen große Menschenmassen an und sein Ruf und Einfluss wuchsen.[61]

Schließlich gelang es Adolf Hitler, die vollständige Kontrolle über die Legislative und die Exekutive zu übernehmen. Er benutzte seine Macht, um die Pressefreiheit aufzuheben, konkurrierende Parteien zu eliminieren und diskriminierende Gesetze zu verabschieden. 1933 wurde Hitler zum Alleinherrscher über Deutschland.

„Viele von Hitlers frühen Maßnahmen beruhten nicht auf der Unterdrückung der Massen", erläutern Alex Gendler und Anthony Hazard in ihrem Kurzfilm *How Did Hitler Rise to Power*? „In seinen Reden machte er sich die Angst und die Wut der Menschen zunutze, damit sie ihn und die NSDAP unterstützten. In der Zwischenzeit begannen Geschäftsleute und Intellektuelle Hitler zu unterstützen, weil sie nicht hinter der aktuellen Entwicklung zurückstehen wollten. Sie versicherten sich gegenseitig, seine extreme Rhetorik sei nur Show."[62]

Hitlers Fähigkeit, die Gefühle seiner Anhänger zu wecken, zu verstärken und zu manipulieren, beleuchtet eine unerfreuliche, aber bedeutsame Realität: Emotionale Intelligenz hat ihre Schattenseiten.

Auf Abwegen

Bis jetzt habe ich mich überwiegend mit dem positiven Einsatz eines hohen EQ beschäftigt: Es ging darum, wie er Ihnen bei der Lösung von Konflikten oder beim Aufbau tiefer Beziehungen helfen kann. Aber man darf nicht vergessen, dass emotionale Intelligenz, genau wie die „übliche" Intelligenz, nicht von sich aus tugendhaft ist. Sie ist ein Werkzeug.

Mit anderen Worten: Emotionale Intelligenz kann zum Guten wie zum Bösen eingesetzt werden.

Wie Sie bereits wissen, ist emotionale Intelligenz die Fähigkeit, das eigene Verhalten vom Wissen über die Gefühle leiten zu lassen, meist mit einem bestimmten Ziel. Aber dieses Ziel kann von Mensch zu Mensch sehr unterschiedlich sein. Beispielsweise haben wir bereits die Vorteile einer ehrlichen und gezielten Belobigung erläutert, aber was ist, wenn ein Mensch den anderen lobt, um mehr persönliche Macht oder Unterstützung für eine zwielichtige Sache zu gewinnen? Was, wenn jemand seine Fähigkeit, Gefühle zum Ausdruck zu bringen (oder zu verstecken), nutzt, um andere zu manipulieren? Oder ein Mensch, der Macht und Autorität besitzt, könnte andere mithilfe von Angst und Druck einschüchtern.

Stellen Sie sich folgende Szenarien vor:

- Eine Persönlichkeit des öffentlichen Lebens oder ein Experte machen mit voller Absicht unerhörte, provozierende Bemerkungen, um die Aufmerksamkeit der Medien oder eine Anhängerschaft zu gewinnen.
- Ein Ehepartner verbirgt mit Absicht eine außereheliche Affäre, um den Partner oder den Geliebten hinzuhalten.
- Ein Manager oder Angestellter verfälscht die Wahrheit oder verbreitet mit voller Absicht Gerüchte, um einen psychologischen Vorteil daraus zu ziehen.

In einer Studie hat ein Team von Wirtschaftsprofessoren ein derartiges Verhalten mit dem von Jago verglichen, dem Gegenspieler in Shakespeares *Othello*. Sie beschreiben Jago als „einen Menschen, der die Gefühle der anderen manipuliert, während er die eigenen kontrolliert“ – in der Absicht, den Gegner vollständig zu zerstören.[63]

Das ist es, was wir die Schattenseite der emotionalen Intelligenz nennen: Wenn man das eigene Wissen über Gefühle dazu benutzt, strategisch Ziele im Eigeninteresse zu verfolgen, ohne Rücksicht auf andere. Genau wie ein Mensch mit einem brillanten Intellekt ein begnadeter Detektiv oder ein Krimineller werden kann, hat jemand mit einem überlegenen EQ die Wahl, einen von zwei möglichen Wegen einzuschlagen.

In diesem Kapitel erkunden wir die Schattenseite. Sie finden hier weitere Beispiele aus dem Leben von Menschen, die ihre Fähigkeiten eingesetzt haben, um die Gefühle der anderen zum eigenen Vorteil zu beeinflussen. Sie erfahren, warum die Grenze zwischen ethisch korrekter und unmoralischer Einflussnahme nicht immer so eindeutig ist – und wie selbst eine Person mit einem edlen Motiv manipulativ, unehrlich oder verlogen handeln kann. Schließlich beschreibe ich einige der manipulativen Techniken im Einzelnen, die andere Menschen anwenden können, um Ihre Emotionen gegen Sie zu wenden – und wie Sie sich dagegen schützen.

Psychopathen, Narzissten und Manipulatoren, oje

Der Begriff „Psychopath" weckt Vorstellungen von Serienkillern oder Massenmördern. Aber die komplexe Störung, die wir als psychopathisch beschreiben – meist charakterisiert durch Züge wie antisoziales Verhalten, Arroganz, Arglist und fehlende emotionale Empathie – ist tatsächlich deutlich verbreiteter, als die meisten Menschen denken.

Der Kriminalpsychologe Robert Hare hat den Großteil seines Lebens damit verbracht, Psychopathen zu untersuchen und herauszufinden, wie sie ticken.

> Hare ist der Entwickler der *Psychopathy Checklist – Revised* (PCL-R), eines Standardverfahrens, das häufig eingesetzt wird, um psychopathische Eigenschaften einer Persönlichkeit zu identifizieren.

In einem Interview mit dem *Telegraph* hat Hare Psychopathie als „angepasste" Störung beschrieben, soll heißen, viele Psychopathen fallen gar nicht auf. „Es gibt Menschen, die einen Teil der Voraussetzungen erfüllen – genug, um sie als Psychopathen einzustufen, aber nicht genug, um wirklich Probleme zu machen. Häufig sind wir mit ihnen befreundet, haben sie gern in unserer Nähe. Vielleicht nutzen sie uns gelegentlich aus, aber meist auf sehr subtile Weise, dann können sie sich problemlos herausreden."[64]

Hare behauptet, unter bestimmten Umständen könnten psychopathische Züge sogar von Vorteil sein. Beispielsweise haben manche Menschen großen Erfolg am Arbeitsplatz, weil sie viel Charisma besitzen und andere manipulieren können. Es mag sogar vorkommen, dass ein Manager psychopathisches Verhalten mit echten Führungseigenschaften verwechselt.

„Verantwortung übernehmen, Entscheidungen treffen und andere dazu bringen, das zu tun, was man möchte, sind klassische Merkmale einer Führungspersönlichkeit im Management. Es kann sich aber auch um geschickt verpackte Formen von Nötigung, Dominanz und Manipulation handeln", erläutern Hare und sein Co-Autor Paul Babiak in dem Buch *Menschenschinder oder Manager: Psychopathen bei der Arbeit*. „Man sollte glauben, dass missbräuchliches, betrügerisches Verhalten gegenüber Kollegen zu Disziplinarmaßnahmen und Kündigung führt. Aber in zahlreichen Fällen, die wir uns angesehen haben, war das nicht der Fall."[65]

Natürlich sind es nicht nur die Psychopathen, die ihre Fähigkeit zur emotionalen Einflussnahme zu egoistischen Zwecken einsetzen.

Betrachten Sie die folgenden Beispiele:

- Deutsche Wissenschaftler haben herausgefunden, dass Menschen, die bestimmte narzisstische Züge (wie Grandiosität, Selbstbezogenheit oder Selbstgefälligkeit) aufweisen, durch humorvolles Auftreten und charmantes Lächeln bei anderen Menschen einen besseren ersten Eindruck hinterlassen.[66]
- Einer Studie von 2011 zufolge neigen „Machiavellisten" (Menschen, die andere tendenziell zu ihrem persönlichen Vorteil manipulieren), die viel über die Regulierung von Gefühlen wissen, verstärkt zu abweichendem Verhalten, indem sie beispielsweise Kollegen auf der Arbeit vor anderen in Verlegenheit bringen.[67]
- Eine Studie von 2013 hat gezeigt, dass Menschen, die andere zum persönlichen Vorteil ausnutzen, gleichzeitig gut darin sind, insbesondere die negativen Gefühle dieser Menschen zu verstehen.[68]

Um zu verstehen, wie solches Verhalten in einer Kultur insgesamt um sich greifen kann, denke man an die Schwierigkeiten einer Firma, die noch vor Kurzem zu den angesehensten in Amerika gehörte.

Von emotionaler Sabotage profitieren

Im September 2016 wurde allgemein bekannt, dass Angestellte von Wells Fargo, einer der größten und erfolgreichsten Banken weltweit, durch eine Reihe illegaler Geschäftspraktiken Millionen Kunden völlig unverfroren betrogen hatten. Dazu gehörte unter anderem, über 565.000 Anträge auf Kreditkarten auszufüllen, um die nie jemand gebeten hatte; 3,5 Millionen nicht autorisierte Bankkonten zu eröffnen und dadurch Millionen Dollar an Kundengebühren einzunehmen; gefälschte E-Mail-Konten einzurichten, um Kunden für Zusatzleistungen zu gewinnen; und das Geld der Kunden unerlaubt von einem Konto zum anderen zu bewegen.

Wegen dieses Verhaltens erhielt Wells Fargo zunächst eine Geldstrafe in Höhe von 185 Millionen Dollar vom *Consumer Financial Protection Bureau*. Außerdem erklärte die Firma sich bereit, im anschließenden Sammelklageverfahren rund 110 Millionen Dollar Entschädigung zu zahlen (neben etlichen Millionen Dollar Gerichtsgebühren). Der Ruf der Firma war damit gründlich und auf lange Sicht beschädigt.

Im heutigen mörderischen Geschäftsklima wundert es niemanden, wenn ein paar Schurken unter den Angestellten skrupelloses Verhalten an den Tag legen. Aber man fragt sich doch: Wie war es möglich, dass über 5000 Menschen an einer so dreisten, weit verbreiteten Form des Betrugs beteiligt waren?

Die unabhängige Untersuchung der Verkaufspraktiken von Wells Fargo führte zu einer interessanten Schlussfolgerung:

„Die Grundursache für das Versagen der Verkaufsstrategien war die völlige Deformation von Verkaufskultur und Leistungsmanagement dieser Community Bank, die, *in Verbindung mit einer aggressiven Verkaufsstrategie, Druck auf die Angestellten* ausübte, unerwünschte oder nicht benötigte Produkte an die Kunden zu verkaufen und in einigen Fällen nicht autorisierte Konten zu eröffnen."[69] (Kursivierung von mir)

„Ich habe erlebt, dass Manager mich angeschrien haben", sagte Sabrina Bertrand, die 2013 als ermächtigte persönliche Bankberaterin für Wells Fargo in Houston arbeitete. „Sie wollten, dass wir gemeinsame Girokonten für Kunden eröffneten, die nicht einmal ihr ursprüngliches Konto im Griff hatten. Der Verkaufsdruck vom Management war unerträglich."[70]

Erik, der in der Wells-Fargo-Firmenzentrale in San Francisco arbeitete, sagte, die Angestellten würden ständig unter Druck gesetzt, Bankprodukte zu verkaufen (Konten, Kreditkarten, Darlehen). Die Mitarbeiter mussten sich abmühen, um ihr Tagessoll zu erreichen und wurden „gemaßregelt, einfach alles zu tun, was dafür nötig war."

„Immer wieder habe ich gesehen, wie Kollegen von mir unter dem Druck zusammenbrachen", sagte er. „Gejammer, Tränen, ständig wurde man zum persönlichen Coaching nach hinten gerufen."

Eine Angestellte, nennen wir sie Monica, die auch in der Firmenzentrale arbeitete, hat diese quälenden Sitzungen beschrieben. Zwei Manager begleiteten Monica in einen fensterlosen Raum und verschlossen dann die Tür. Sie wiesen sie an, sich an einen großen Konferenztisch zu setzen, und händigten ihr eine „Rechtsbelehrung" aus, die sie unterschreiben musste.

„Wenn Sie Ihr Soll nicht schaffen, sind Sie kein Teamplayer", sagten die Manager. „Wenn Sie die Teamleistung drücken, werden Sie gefeuert und das kommt in Ihre Personalakte." Monica war Anfang 20 und sagt, sie hatte Angst, ihre Karriere zu gefährden, besonders mitten in der Finanzkrise. „Ich saß da fest und hatte das Gefühl, kein anderer Arbeitgeber würde mich einstellen, weil die schon dafür sorgen würden", erzählte sie.[71]

Was bei Wells Fargo passiert ist, hat, so scheint es, nichts mit emotionaler Intelligenz, wie wir sie kennengelernt haben, zu tun. Tatsache ist jedoch, dass die Führungsetage der Firma emotionale Manipulation und Täuschung eingesetzt hat – Dinge, die definitiv auf die Schattenseite der EQ gehören – um ihre Ziele zu erreichen. Es ist schwierig, abzuschätzen, in welchem Umfang Wells Fargo für den entstandenen Schaden aufkommen muss, aber mindestens zwei Spitzenführungskräfte, die verantwortlich für den Skandal waren, haben die Firma mit Millionenabfindungen verlassen.

Laut *Fortune* verlangte man vom ehemaligen Wells-CEO John Stumpf, nachdem der Gesamtbetrag aus Boni und Abfindungssumme ermittelt worden war, 40 Prozent der 174 Millionen Dollar zurück, die er von Wells Fargo erhalten hatte, als er in den Ruhestand ging. Die ehemalige Chefin der Privatkundensparte, Carrie Tolstedt, musste 54 Prozent ihres Gehalts in Höhe von 125 Millionen Dollar zurückzahlen.[72]

Was an diesen Geschichten auffällt, ist nicht das skrupellose Verhalten, es ist der Umstand, dass Wells sich im Netz seiner Betrügereien verfangen hat und öffentlich an den Pranger gestellt wurde für das, was die Firma getan hat. Leider kommen unzählige andere jeden Tag mit dieser Art preistreibender Geschäftemacherei davon.

Aber ist emotionale Manipulation immer so leicht zu erkennen?

Schützen Sie sich

Die Versuche, Ihre Gefühle zu beeinflussen, können ganz unterschiedliche Formen annehmen. Hier sind einige Beispiele:

Schauen Sie sich Fernsehwerbung an oder betreten Sie ein beliebiges Geschäft und erleben Sie, wie die Einzelhändler versuchen, Sie zu überzeugen. Marketingabteilungen geben Millionen dafür aus, Sie täglich mit klugen Sprüchen und schönen Bildern zu bombardieren, alles in der Absicht, Sie emotional anzusprechen, den Wunsch nach dem neuesten und schönsten Produkt zu wecken, Ihnen das Gefühl zu geben, dass Sie dieses Produkt *jetzt sofort* brauchen. Firmen sammeln gewaltige Datenmengen, beobachten alles, was Sie tun, damit sie Ihnen maßgeschneiderte Anzeigen zukommen lassen und Ihr Kaufverhalten beeinflussen können.

Firmenchefs versuchen häufig, die Macht der Emotionen einzusetzen, um ihre Ziele zu erreichen. Für eine Studie über emotionales Verhalten haben die Stanford-Professorin Joanne Martin und ihr Team Zeit mit Angestellten der multinationalen Einzelhandelskette *The Body Shop* verbracht. Dabei haben sie erlebt, wie der Firmengründerin Anita Roddick eines Tages auffiel, dass eine bestimmte Mitarbeiterin gern zusammenbrach und weinte, wenn sie frustriert war. Die Managerin sah darin eine strategische Chance und erklärte ihrer Mitarbeiterin, das „müsse man ausnutzen". Dann ermutigte Roddick sie, ihre Gefühle zu kanalisieren, und verlangte von ihr, bei der nächsten Konferenz an einem bestimmten Punkt in Tränen auszubrechen.[73]

2012 führte Facebook ein einwöchiges Experiment durch, um festzustellen, wie Nutzer auf Veränderungen in ihren Newsfeeds reagieren. Einigen Menschen wurden Inhalte gezeigt, die man als glücklich und positiv eingestuft hatte; anderen Menschen zeigte man eher negative Inhalte. Als Details über das Experiment durchsickerten, reagierte die Öffentlichkeit entsetzt. Facebooks Experimentierfreudigkeit wurde als abscheuliche emotionale Manipulation wahrgenommen.[74]

Natürlich sind Sie jeden Tag den Bemühungen von Menschen ausgesetzt, die Ihr Verhalten beeinflussen wollen, meist etwas schlichter als in den genannten Beispielen. Manchmal sind diese Versuche offensichtlich: ein Partner, der schmollt, weil er nicht bekommt, was er möchte; ein Kollege, der Theater macht, um Ihren Chef zu beeinflussen. In anderen Fällen ist das Vorgehen subtiler – mitunter kommen vielleicht genau die Methoden zum Einsatz, die wir weiter oben diskutiert haben.

Mit Fug und Recht dürfen wir daher die Frage stellen: Wie gehen wir effektiv mit den Versuchen der anderen um, uns zu beeinflussen?

An dieser Stelle kommt Ihre Fremdwahrnehmung ins Spiel. Wenn Sie in der Lage sind, die Fähigkeit der anderen, Emotionen zu handhaben, präzise wahrzunehmen, kann das als Selbstschutz dienen – als eine Art „emotionales Frühwarnsystem", das Sie darauf aufmerksam macht, wenn jemand versucht, Ihre Gefühle zu manipulieren, damit Sie in einer bestimmten Weise handeln, die nicht in Ihrem Interesse liegt und nicht mit Ihren Prinzipien und Werthaltungen übereinstimmt.

Lassen Sie uns einen Blick auf einige der skrupellosen Methoden werfen, die Menschen anwenden, um Ihre Emotionen auszunutzen, und schauen wir uns an, wie Sie dagegen emotional intelligent ins Feld ziehen können.

Angst

Manche Manipulierer bemühen sich sehr, Angst zu schüren oder Angst auszunutzen, um Sie zum Handeln zu bewegen. Das kann subtil geschehen, durch Betrug oder Übertreibung, oder ganz direkt, durch Drohung oder Beschimpfung.

Versuchen Sie, die Situation möglichst klar zu sehen, wenn andere Ihnen Angst machen wollen, um Ihre Gefühle oder Ihr Handeln zu beeinflussen. Wir haben Angst vor dem Unbekannten; recherchieren Sie also die Faktenlage und überlegen Sie, welche Gegenargumente es gibt, ehe Sie ein Urteil oder eine Entscheidung fällen. Bemühen Sie sich, das große Ganze zu sehen. Wenn Sie beschimpft werden, stehen Sie es am besten nicht allein durch; holen Sie einen Menschen zu Hilfe, dem Sie vertrauen.

Es ist nicht möglich, alle Ängste vollständig loszuwerden, aber Sie können sie benennen und sich darauf einstellen, das erhöht Ihr Selbstvertrauen.

Wut

In Kapitel 2 habe ich einige Techniken skizziert, mit negativen Gefühlen umzugehen. Aber was tun Sie, wenn jemand mit voller Absicht versucht, Sie wütend zu machen? Vielleicht ist es ein Mitbewerber, der Sie aus dem Weg haben möchte, oder ein Troll im Netz, der Aufmerksamkeit und Unterhaltung sucht.

Dr. Drew Brannon hat über ein Jahrzehnt damit verbracht, hochkarätige Sportler, Mannschaften und Coaches im Umgang mit Trashtalk zu schulen: Das sind Dinge, die Ihre Konkurrenten sagen, um Ihre Überzeugungen ins Wanken zu bringen und Ihr Selbstvertrauen zu untergraben. „Wenn jemand versucht, sich in deinen Kopf einzuschleichen", sagte Brannon zu mir, „sollte das eigentlich dein Selbstvertrauen stärken. Es bedeutet nämlich, dass du für ihn und seine Ziele eine Bedrohung bist."

Probleme gibt es dann, wenn es dieser Person gelingt, Sie zu manipulieren, was zu irrationalen oder bedauerlichen Entscheidungen führen kann.

Wie Sie mit solchen Menschen umgehen, hängt letztlich von der Situation ab und davon, was Sie erreichen möchten. Wenn Sie es beispielsweise mit einem Wettbewerber zu tun haben, kann es hilfreich sein, sich vorausschauend zu überlegen, wie Sie auf seine Versuche, Sie zu ärgern, reagieren wollen. Brannon nennt das: „Grünes Licht."

„Grünes Licht bedeutet, dass ich meinen Klienten beibringe, einen Plan bereitzuhalten, eine Routine, die sie schon vorher festlegen, wie sie auf Trashtalk reagieren“, sagte Brannon. „Bei so einer vorprogrammierten Antwort wissen Sie genau, wo Ihre Gedanken hingehören, wenn Ihr Gegner anfängt, Sie zu beleidigen. Das hilft Ihnen, sich auf die anstehende Aufgabe zu konzentrieren. Grünes Licht funktioniert, weil unser Gehirn dann am besten arbeitet, wenn wir wissen, dass wir die Fähigkeit haben, einer Herausforderung zu begegnen. Wenn es schließlich soweit ist, tut man einfach das, was man geübt hat.“[75]

Ganz ähnlich kann man sich gegenüber einem Online-Troll verhalten, besonders wenn er anonym auftritt. Während ich generell davon abrate, sich mit einem Online-Troll oder einer anderen aggressiven Online-Persönlichkeit einzulassen, wollen Sie das unter bestimmten Umständen vielleicht doch tun. (Denken Sie daran, dass viele Trolle nicht einmal echte Menschen sind – es können von einem Computer geschaffene Chatbots sein oder Menschen, die bezahlt werden, um eine bestimmte Rolle zu spielen – mit dem Ziel, Unzufriedenheit zu verbreiten und die öffentliche Meinung zu beeinflussen.) In solchen Fällen kann Ihnen der geschickte Einsatz von Werkzeugen zur Beeinflussung, wie ich sie in Kapitel 6 dargestellt habe (persönliches Interesse zeigen, respektvoll kommunizieren, empathisch argumentieren), helfen, mit diesen Leuten effektiv umzugehen. Aber wenn die andere Seite sich weiterhin aggressiv verhält, sollten Sie das einfach ignorieren und an anderer Stelle weitermachen.

Erregung

In letzter Zeit ist es immer häufiger passiert, dass Unwahrheiten sich mit geradezu unglaublicher Geschwindigkeit verbreitet haben. Gerüchte und Fehlinformationen waren schon immer ein Problem, aber die modernen Technologien haben die Möglichkeiten enorm vergrößert: Eine Falschmeldung kann immer mehr Leute immer schneller erreichen.

Wenn Menschen eine Geschichte lesen oder ein Video sehen, das sie in ihren eigenen starken Gefühlen bestärkt, teilen sie dieses Video häufig über die sozialen Medien. Je mehr Menschen die Geschichte weitergeben, desto größer wird ihre Glaubwürdigkeit.

Hinzu kommt eine Medienlandschaft, in der zahlreiche Veröffentlichungen durch Pay-per-Click-Anzeigen finanziert werden. Mehr Leser für einen Artikel bedeuten mehr Kunden (und mehr Einnahmen), was eine sensationelle und einseitige Berichterstattung begünstigt.

Das Ergebnis ist eine Umgebung, in der mehr und mehr Menschen versuchen, Ihre Emotionen zu manipulieren. Einzelne Menschen oder besondere Interessengruppen tragen häufig zu einer falschen oder einseitigen Darstellung bei, um ihre persönliche Ideologie zu verbreiten oder finanziell zu profitieren.

Anstatt eine Geschichte, ein Bild oder ein Video sofort zu glauben und zu verbreiten, überlegen Sie sich Folgendes:

1. Woher stammt die Nachricht?

Wenn die Quelle anonym ist, kann es schwierig sein, den Wahrheitsgehalt der Information zu beurteilen. Wenn Informationen solide dokumentiert und damit nachvollziehbar sind, können Sie sich in der Regel darauf verlassen.

„Nehmen Sie sich auch in Acht vor Organisationen, die pauschal andere Organisationen zitieren, ohne die Quelle wirklich anzugeben", sagt Ian Fisher, zuständig für Digitales bei der *New York Times*. „Wenn jemand das tut, geht er kein besonderes Risiko ein. Er kann immer noch sagen: ‚Oh, das waren wir nicht, das waren die.'"[76]

2. Wie sieht der Kontext aus?

Selbst wenn Sie ein direktes Zitat lesen oder sehen (oder hören), eine Person, die spricht oder etwas tut, kann es ohne den Kontext schwierig sein, die Situation einzuordnen. Was will die Person insgesamt sagen? Welche besonderen Umstände haben zu dem geführt, was Sie gesehen oder gehört haben? Solche Fragen ermöglichen Ihnen, die Situation besser zu verstehen, ehe Sie sich dazu äußern.

3. Wie sensationell ist die Nachricht?

Wenn eine Geschichte geradezu unglaublich erscheint, kann es gut sein, dass sie tatsächlich nicht zu glauben ist.

2017 berichtete der *Guardian* über „eine neue Art der Video- und Audio-Manipulation, die durch Fortschritte bei der künstlichen Intelligenz und der Computergrafik möglich geworden ist". Sie erlaubt es, realistisch wirkende Filme zu produzieren, die reine Täuschung sind. So hat man zum Beispiel mit einer Software, die an der Stanford University entwickelt wurde, Videoaufnahmen von öffentlichen Personen nachbearbeitet. Mithilfe der Software wurde der Gesichtsausdruck einer zweiten Person aufgenommen, die in eine Webcam spricht, um ihre Mimik dann direkt auf das Gesicht der öffentlichen Person im Originalvideo zu übertragen. Danach erstellte man mit einer anderen Software eine 3- bis 5-minütige Tonaufnahme von der Stimme eines anderen Opfers (man kann sie beispielsweise aus einem YouTube-Video herausschneiden) und passte die Stimme so an, dass man damit sogar biometrische Sicherheitssysteme täuschen könnte (wie sie von manchen Banken oder auf Smartphones genutzt werden). Das Ergebnis ist ein realistisches Video von einer öffentlichen Person, die allem Anschein nach etwas von sich gibt, das sie in Wirklichkeit niemals gesagt hat.[77]

Außerdem ist es wichtig, abzuschätzen, wie einseitig oder von dritter Seite beeinflusst die Berichterstattung ist. Beschränkt sich der Bericht auf einen einzigen Blickwinkel? Wird jemand extrem gelobt oder herabgewürdigt? Wer profitiert von der Verbreitung der Geschichte? Hat die Quelle vielleicht einen Hintergedanken dabei, die Information zu verbreiten?

4. Wie berichten andere Quellen darüber?

„Wenn eine Nachrichtenquelle sagt, ‚wir können bestätigen, dass dieses oder jenes passiert ist', müssen Sie darauf achten, was die anderen Sender sagen", erklärt Andy Carvin, leitender Mitarbeiter am Digital Desk von NPR. „Idealerweise kann man die Information dann triangulieren und einen Eindruck von ihrem Wahrheitsgehalt gewinnen. Aber je weniger Organisationen es gibt, die behaupten, etwas Bestimmtes sei geschehen, desto vorsichtiger sollten Sie die betreffende Information handhaben."[78]

5. Muss ich das wirklich teilen?

Denken Sie an die Techniken, die Sie bereits gelernt haben, darunter die Pausetaste und die Fragetechnik: Muss das wirklich gesagt werden? Muss ich es sagen? Muss ich es jetzt sagen?

Nehmen Sie sich ein wenig Zeit. So können Sie es vermeiden, falsche Informationen weiterzugeben, und sorgen dafür, dass Sie später nicht zurückrudern oder etwas löschen müssen.

Verwirrung

Es kann passieren, dass eine Person versucht, Sie zu verwirren, um daraus einen Vorteil zu ziehen. Das kann auf unterschiedliche Weise geschehen: Beispielsweise kann die betreffende Person plötzlich schneller sprechen, Wörter verwenden, die Sie nicht verstehen, oder beharrlich etwas leugnen, von dem Sie wissen, dass es stimmt.

Wenn Ihnen etwas unklar ist, bitten Sie die andere Person, langsamer zu sprechen oder zu wiederholen, was sie gesagt hat. Dann fragen Sie weiter nach, bis Sie das Gesagte verstehen. Sie können die Information auch in eigenen Worten wiederholen oder um ein Beispiel bitten – um so wieder die Kontrolle über das Gespräch zu gewinnen. Und scheuen Sie sich nicht, eine zweite oder dritte Meinung von Menschen einzuholen, denen Sie vertrauen.

Auf Gegenseitigkeit

Mit dem Wunsch nach Gegenseitigkeit möchte ich das Bedürfnis beschreiben, jemandem, der etwas für uns getan hat, etwas zurückzugeben. Wenn jemand ein Geschenk für uns kauft oder uns einen Gefallen tut, fühlen wir uns verpflichtet, in ähnlicher Weise zu reagieren.

Das Problem besteht darin, dass manche Menschen uns mithilfe der „Gegenseitigkeitsregel" ausnutzen, wie Psychologieprofessor Robert Cialdini in seinem bekannten Bestseller *Die Psychologie des Überzeugens* erläutert. „Weil diejenigen, die nehmen ohne zu geben, im Allgemeinen nicht wohl gelitten sind, geben wir uns oft größte

Mühe, damit man uns nicht dieser Gruppe zurechnet", sagt er. „Gelegentlich lehnen wir uns wirklich weit aus dem Fenster, und das zum Nutzen von Menschen, die einseitig von unseren Bemühungen profitieren."[79]

So kann ein Mensch Ihnen beispielsweise kleine Gefälligkeiten erweisen, im Gegenzug aber ein wesentlich größeres Entgegenkommen erwarten. Oder Sie werden mit Geschenken geradezu überschüttet und über die Maßen gelobt, einfach weil jemand sich ins rechte Licht setzen oder an Einfluss gewinnen möchte.

Achten Sie darauf, von wem Sie Geschenke oder Gefälligkeiten entgegennehmen. Hüten Sie sich vor denjenigen, die nur geben, wenn sie im Gegenzug etwas bekommen. Es geht nicht darum, Dinge abzulehnen oder *jedes* großzügige Angebot skeptisch zu sehen – das würde es Ihnen unmöglich machen, die Freundlichkeit und Hilfsbereitschaft anderer Menschen zu erfahren. Berücksichtigen Sie einfach die Beziehung, die Sie zum Geber haben, und das mögliche Motiv für seine Großzügigkeit.

Wenn Sie darüber hinaus ein Gespür dafür entwickeln, wann jemand die Gegenseitigkeitsregel ausnutzt, gibt Ihnen das die nötige emotionale Stärke, genau das zu verhindern.

Sozialer Beweis und Gruppendruck

Wenn Menschen unsicher sind, achten sie darauf, wie die anderen es machen, ehe sie eine Entscheidung fällen. So ein „sozialer Beweis" kann etwas Positives sein, weil dadurch abweichendes Verhalten vermieden wird.

Gelegentlich kann es jedoch vorkommen, dass eine Person oder eine Gruppe den sozialen Beweis dazu benutzt, Sie unter Druck zu setzen, damit Sie gegen Ihre Werte oder Prinzipien handeln. Denken Sie beispielsweise an den Profi-Sportler, der einen Teamkameraden überredet, leistungssteigernde Drogen zu nehmen, weil „das alle so machen".

Wenn Sie sich immer wieder die Zeit nehmen, über Ihre Werthaltungen nachzudenken, gewinnen Sie die innere Überzeugung, die Sie brauchen, um dazu zu stehen, selbst wenn Druck auf Sie ausgeübt wird. Wenn Sie außerdem die Techniken aus Kapitel 2 anwenden (wie die Pausetaste und den schnellen Vorlauf), hilft Ihnen das, Entscheidungen zu überdenken – und Sie müssen sich nicht nach den vielen anderen richten, die möglicherweise in die falsche Richtung marschieren.

Passiv-aggressives Verhalten

Passiv-aggressives Verhalten besteht darin, negative Gefühle wie Aggression oder Ablehnung auf unbestimmte, eben „passive" Art und Weise zur Schau zu tragen. Ein solches Verhalten kann durch ewige Verschleppung gekennzeichnet sein, durch die Vermeidung von Gesprächen über Gefühle oder durch subtile Kommentare und Handlungsweisen, die auf eine Verstimmtheit hindeuten.

Hinweise sind etwa die folgenden Handlungsweisen:

- Die fehlende Bereitschaft, echte Wut einzugestehen
- Schmollen
- Schweigen
- Sagen, man würde etwas tun, aber es tatsächlich nicht tun (oder es verschleppen, bis sich die Sache erledigt hat)
- Eine Aufgabe bewusst mangelhaft erfüllen
- Sagen, man hätte von nichts gewusst
- Zweideutige Komplimente machen
- Mit Sarkasmus reagieren

Viele Menschen, die sich regelmäßig passiv-aggressiv verhalten, wissen nicht einmal, dass sie es tun. Dadurch ist ihr Verhalten jedoch nicht leichter zu ertragen.

Signe Whitson, Co-Autorin von *The Angry Smile*, glaubt, die einzige Möglichkeit, mit passiv-aggressivem Verhalten umzugehen, sei die direkte Konfrontation:

„Nicht mit einer Taktik, bei der Sie dem anderen direkt ins Gesicht springen, Wut auslösen, ihn – irgendwie autoritär – auffordern zu sagen, was passiert ist, sondern auf eine eher ruhige, nachdenkliche Art als verbale Intervention, bei der die eine Person behutsam, aber offen ihre Gedanken mitteilt – über das Verhalten der anderen Person und die Wut, die irgendwo in ihrem Innern schwelt."[80]

Wenn Sie so vorgehen wollen, müssen Sie darauf achten, Ihre eigenen Gefühle und Erwartungen möglichst klar zu kommunizieren. Wenn Sie vermuten, dass Sie die konkrete Ursache für die Aggressivität des anderen kennen, fragen Sie gezielt nach. Aber bemühen Sie sich, den Gesprächsfaden nicht abreißen zu lassen. Entschuldigen Sie sich für alles, was Sie möglicherweise getan haben, um die Gefühle der anderen Person zu verletzen, und fragen Sie, was Sie tun können, um die Situation zu verbessern.

Wenn klar ist, wo das Problem liegt, arbeiten Sie zusammen, um eine Übereinkunft zu finden, die beiden Seiten ermöglicht, weiterzumachen.

Zu viel Liebe

„Wenn man jemanden mit Liebe geradezu bombardiert, ist das ein Versuch, die andere Person zu beeinflussen", schreibt Psychiater Dale Archer. Anders als in gesunden Beziehungen, bei denen Liebesbeweise immer dazugehören und Worte und Handeln übereinstimmen, beinhaltet das Überschütten mit Liebesbeweisen häufig „einen abrupten Wechsel in der Zuwendung, von liebevoll und herzlich zu herrisch und wütend, wobei der Partner, von dem man verfolgt wird, unvernünftige Forderungen stellt."

Archer und andere Mediziner haben die „Liebesbombe" als Waffe identifiziert, als eine Form der psychologischen Manipulation, die dazu dient, Macht und Kontrolle in der Beziehung zu wahren. Zuhälter und Bandenführer setzen sie ein, um Loyalität und Gehorsam einzufordern. Anführer quasireligiöser Kulte praktizieren diese Technik, um ihre Anhänger zum Massenselbstmord zu bewegen. Und eine ganze Reihe von Menschen benutzen „Liebesbomben", um ihre Partner zu missbrauchen.[81]

Denken Sie daran, dass es Zeit braucht, in einer Beziehung Vertrauen aufzubauen. Halten Sie Abstand zu jenen, die ständig versuchen, Sie zu bauchpinseln und Ihre Beziehung zu intensivieren, ohne dass Sie dazu bereit sind. Und zu jenen, die Wärme und Zuneigung zeigen, aber dann sehr schnell die Geduld verlieren und Wege finden, Sie zu bestrafen, wenn es nicht nach ihrem Kopf geht.

Wenn eine Beziehung sich zu schnell entwickelt, können Sie das Tempo ruhig drosseln. Haben Sie keine Angst, Nein zu sagen, wenn Ihnen das angemessen erscheint. Sollten Sie das Gefühl haben, bereits tief in einer ungesunden oder missbräuchlichen Beziehung zu stecken, sprechen Sie darüber mit Familienmitgliedern oder Freunden, oder suchen Sie professionelle Hilfe.

Was können Sie dagegen tun, wenn emotionale Intelligenz missbraucht wird? Arbeiten Sie daran, Ihre eigene zu verbessern.

Natürlich sind dies nur einige wenige Techniken der emotionalen Manipulation; die Liste ist alles andere als vollständig. Wie können Sie sich vor ähnlichen Taktiken schützen?

Denken Sie daran: Wissen ist Macht. Streben Sie danach, Selbst- und Fremdwahrnehmung aufzubauen, indem Sie etwas darüber lernen, wie andere Emotionen gegen Sie zum Einsatz bringen können. Dann bemühen Sie sich, Ihre instinktiven emotionalen Reaktionen durch solide Argumentation und rationale Überlegung zu ergänzen – mithilfe der Techniken, die Sie in diesem Buch gelernt haben.

Wie Mut und Bereitschaft zum Widerstand zur Trendwende geführt haben

Kürzlich haben wir im echten Leben eine Auseinandersetzung zwischen den beiden Seiten der emotionalen Intelligenz, dunkel und hell, erlebt. Eine große Zahl mutiger Frauen (und einige Männer) sind an die Öffentlichkeit getreten und haben über sexuelle Belästigung und Übergriffe am Arbeitsplatz gesprochen.

Den Anstoß zu dieser Abrechnung im großen Stil soll vor allen Dingen ein Artikel in der *New York Times* gegeben haben, der über Anschuldigungen wegen sexuellen Fehlverhaltens gegen den berühmten Hollywood-Produzenten Harvey Weinstein berichtete. Zahlreiche Frauen behaupteten, Weinstein habe seine Macht und seinen Einfluss in der Filmindustrie benutzt, um sie zu sexuellen Handlungen zu zwingen.[82]

In den darauffolgenden Wochen nahmen die Anschuldigungen, es gebe überall frauenfeindliches Verhalten, exponentiell zu – das reichte von Einschüchterung über Belästigung bis zu körperlichen Übergriffen. Dutzende mächtige Männer in verschiedenen Branchen traten zurück oder wurden gefeuert, während sich die Anschuldigungen häuften. Man sprach vom „Weinstein-Effekt".

Das Ergebnis war wirklich eine Trendwende. Millionen nutzten den Hashtag #MeToo in den sozialen Medien – der Begriff stammte von der Frauenrechtlerin Tarana Burke und wurde von der Schauspielerin Alyssa Milano bekannt gemacht – um ihre Stimme hinzuzufügen.[83] Unzählige Opfer meldeten sich und teilten ihre persönlichen Missbrauchsgeschichten. Eine stille Pandemie geriet ins Licht der Öffentlichkeit. Überall begannen Freunde, Familienmitglieder und Kollegen über das Problem zu sprechen, über seine Ursachen und wie es künftig zu verhindern sei.

Warum gerade jetzt? Warum bekam dieses furchtbare Problem ausgerechnet jetzt die Aufmerksamkeit, die ihm schon all die Jahre hätte zuteilwerden sollen?

Schwer zu sagen; es war wohl einfach der richtige Zeitpunkt.

Jahrelang hatten sehr viele Frauen sich nicht getraut, über ihre Erfahrungen zu sprechen. Dafür gab es verschiedene Gründe: die Angst, nicht ernst genommen zu werden (oder als unglaubwürdig dazustehen), die Angst, beschämt oder lächerlich gemacht zu werden, die Angst vor Vergeltung. Die Angst, dass ein einziger Moment – der ihnen aufgezwungen worden war – den Rest ihres Lebens bestimmen würde.

Aber mehr und mehr Frauen haben die Stimme erhoben und über ihren Kampf gegen sexuelles Fehlverhalten im Lauf der letzten Jahrzehnte berichtet. Das hat andere dazu veranlasst, ihre Geschichte ebenfalls zu erzählen. Das öffentliche Gespräch nahm Fahrt auf und vielen Opfern wurde klar, dass sie nicht allein sind, sondern zu einer großen Mehrheit gehören.

All diese Stimmen vereinigten sich und der Strom wurde mächtiger und mächtiger – bis der Riss im Damm so groß war, dass er brach.

Die Autorin Sophie Gilbert hat das in einem Artikel für die Zeitschrift *Atlantic* in beredter Weise so ausgedrückt:

„Es gibt sehr viel zu tun angesichts eines Klimas der massenweisen sexuellen Gewalt – eines Klimas, in dem Frauen entwürdigt, geschwächt, missbraucht und mitunter sogar ganz aus ihrem Beruf verdrängt werden. Aber festzustellen, wie gewaltig das Ausmaß des Problems ist, bedeutet für sich genommen schon ein Revolution."[84]

Nehmen Sie den Kampf auf

Irgendwann werden Sie jemandem begegnen, der versucht, die Schattenseite der emotionalen Intelligenz zu seinem persönlichen Vorteil einzusetzen. Manche Menschen intrigieren und manipulieren mit voller Absicht. Andere glauben einfach, nur so könnten sie ihr Ziel erreichen. In beiden Fällen müssen Sie daran denken: *Sie* haben die Kontrolle über Ihre emotionalen Reaktionen.

Gefühle wie Wut oder Angst können erheblichen Schaden auslösen – besonders wenn Sie schnell urteilen, ehe Sie die Fakten kennen. Je emotionaler Sie Ihre Überzeugungen vertreten, desto schwieriger ist es, objektiv zu bleiben. Deswegen müssen Sie Ihre Denkfähigkeit einsetzen – zusammen mit Ihren Emotionen – damit Ihre Überzeugungen wirklich auf der Wahrheit beruhen.

Ich möchte ganz bestimmt kein übermäßiges Misstrauen wecken oder ein Bild entwerfen, bei dem Sie gegen den Rest der Welt stehen. Aber ich rate Ihnen, vorsichtig zu sein – oder sogar skeptisch – falls nötig. Sehen Sie in jeder Begegnung eine Chance zum Lernen, eine Gelegenheit, Ihren eigenen EQ zu verbessern. Wenn Sie feststellen, dass jemand die Fähigkeit besitzt, starke Gefühle in Ihnen zu wecken, nehmen Sie das zur Kenntnis; trotzdem bemühen

Sie sich um Ausgeglichenheit in Ihren Worten und Taten. Wenn Ihre eigenen Gefühle sich beruhigt haben, kehren Sie zurück zu den Fragen „Was?“ und „Warum?“: Welche Worte oder Handlungen haben Ihre Emotionen ausgelöst? Warum war das so? Was sind die Motive und Absichten des Influencers?

Es kann eine gute Sache sein, sich von anderen überzeugen, motivieren und beeinflussen zu lassen – solange Ihr Verhalten dann immer noch mit Ihren Werthaltungen übereinstimmt. Wenn das nicht so ist, wenn Sie feststellen, dass Sie übertölpelt oder zum Opfer gemacht wurden, versuchen Sie, herauszufinden, wo Sie etwas falsch gemacht haben und wie Sie diesen Fehler in Zukunft vermeiden können. Mit etwas Übung wächst Ihre Selbst- und Fremdwahrnehmung mit der Zeit und Sie gewinnen größere Kontrolle über Ihr Denken und Ihr Handeln. Wenn Ihnen das gelingt, sind Sie kein Sklave Ihrer Gefühle mehr, und selbst ein geschickter Manipulator wird es schwer haben, Sie auszunutzen.

Denken Sie vor allen Dingen daran: Am besten schützen Sie sich vor den schädlichen Einflüssen emotionaler Intelligenz, indem Sie versuchen, Ihre eigene emotionale Intelligenz zu verbessern.

Auch zu dieser Aussage gibt es allerdings einen Vorbehalt: Wenn Ihre Fähigkeit, Gefühle zu handhaben und zu beeinflussen, wächst, wird sie zu einer Quelle der Macht – und Macht korrumpiert. Wie wir gesehen haben, weisen einige berühmt-berüchtigte Gestalten hohe emotionale Intelligenz auf, mindestens Züge davon. War es ihr Eigeninteresse, das sie motiviert hat, diese Fähigkeiten zu entwickeln? Oder haben ihre emotionalen Fähigkeiten ihr Eigeninteresse genährt? An welchem Punkt genau wird der Versuch, die Gefühle der anderen zu beeinflussen, moralisch bedenklich?

Das Nachdenken über diese Fragen erinnert uns daran, dass emotionale Intelligenz nur ein Teil des Gesamtbildes ist.

Arbeiten Sie konsequent daran, Ihre emotionale Intelligenz zu verbessern, und machen Sie sich Ihren EQ zunutze – aber nicht auf Kosten Ihrer Prinzipien. Verwenden Sie Ihren moralischen Kompass, um Ihren Bemühungen die Richtung zu weisen, und orientieren Sie sich bei Ihrer Entwicklung an einer klaren Ethik und überzeugenden Wertmaßstäben.

Wenn Sie dies alles beherzigen, werden Sie hoffentlich niemals zum Opfer der dunklen Seite.

Kapitel 9

Unterwegs in die Zukunft

Akzeptieren Sie Ihre Emotionalität

• • • • •

»Du bist schön, weil du deine Gefühle zulässt, und das ist wirklich mutig von dir.«

Shinji Moon

In diesem Buch habe ich versucht, darzulegen, warum emotionale Intelligenz so wichtig ist. Und ich habe mich bemüht, ganz konkrete Methoden zu vermitteln, wie Sie Ihren EQ verbessern können. Sie haben gelernt, dass es wichtig ist, Gefühle und ihre Funktionsweise zu verstehen, dass es aber noch wichtiger ist, dieses Wissen effektiv einzusetzen, damit Sie Ihre Ziele erreichen.

Sie haben entdeckt, wie Sie Ihre Selbst- und Fremdwahrnehmung verbessern können, indem Sie sich die Zeit nehmen, die richtigen Fragen zu stellen – sich selbst und anderen. Und wie Sie effektiver mit Ihren Gefühle umgehen können, wenn Sie lernen, Ihre Gedanken zu kontrollieren. Sie wissen jetzt, was ein emotionaler Überfall ist und wie man ihn vermeidet, und warum Sie praktisch jedes Feedback als Geschenk betrachten sollten – weil es Ihnen Gelegenheit zum Lernen und Wachsen bietet.

Ich hoffe, Sie haben praktisches Wissen erworben, das Ihnen erlaubt, emotional intelligente Strategien für die Zukunft zu entwickeln. Dass Sie beispielsweise Ihre emotionalen Reaktionen proaktiv beeinflussen können, indem Sie zerstörerische Gewohnheiten durch heilsame ersetzen. So können Sie Ihr Gehirn praktisch neu verdrahten. Und dass Sie andere dazu bewegen können, Ihnen in gleicher Weise zu begegnen, indem Sie Qualitäten wie Authentizität, Bescheidenheit und Respekt zeigen. Vergessen Sie nicht den Wert emotional intelligenter Empathie. Das ist jene Art von Empathie, die eine Übereinstimmung herstellt und Sie mit anderen in Verbindung bringt, ohne dass sie zu emotionaler Erschöpfung führt.

Für die Zukunft möchte ich Sie ermutigen, auf die vielfältigen Formen zu achten, in denen Ihnen emotionale Intelligenz im Alltag begegnet.

Vielleicht ist es Ihr Lieblingsbarista, der Sie durch sein Lächeln und ein freundliches Gespräch in gute Laune versetzt. Oder vielleicht ist es ein Freund, ein Familienmitglied oder ein Kollege, der Ihnen gern empathisch zuhört.

Vielleicht begegnen Sie emotionaler Intelligenz auch im Handeln eines Kindes. So ist es mir erst kürzlich ergangen. Weil er merkte, dass es mir nicht gutging, setzte sich mein kleiner Sohn neben mich, legte vorsichtig den Arm um meine Schultern und sah mir direkt in die Augen. Dann sagte er: „Ich liebe dich, Papa." Vier einfache Wörter, aber mächtig genug, meine Stimmung augenblicklich zu verändern.

Aber Sie haben auch gelernt, dass nicht immer ein warmes, wohltuendes Gefühl zurückbleibt, wenn Sie die emotionale Intelligenz der anderen in Aktion beobachten. Da mag sich das hässliche Haupt eines Trolls im Internet erheben – der Ihre Gefühle in Aufruhr versetzen will. Oder ein Kollege versucht Sie zu manipulieren, um seine persönlichen Ziele zu erreichen. Dann müssen Sie daran denken, das Gelernte anzuwenden.

Wenn Sie Ihre emotionale Reise fortsetzen, wird Ihnen klar werden, dass Ihre Gefühle in vieler Hinsicht widersprüchlich sind. Wir alle erfahren Liebe und Hass, Freude und Trauer, Mut und Angst. Diese gemeinsame Erfahrung sollte uns als Menschen verbinden; doch häufig führen diese Gefühle zu Konflikten und stehen am Ende trennend zwischen uns. Doch wenn es etwas gibt, das ich im Lauf der Jahre gelernt habe, ist es dies: Wir alle haben viel mehr Gemeinsamkeiten als Unterschiede. Und die Unterschiede bieten uns Gelegenheit zum Lernen.

Ich denke da beispielsweise an meine Freundin Jill, die dafür bekannt ist, immer gleich zu sagen, was sie denkt – das hinterlässt mitunter einen schlechten ersten Eindruck oder lässt sie ins Fettnäpfchen tappen. Häufig bemerkt Jill nicht, welchen Eindruck ihre Worte machen, und dass ihr die fehlende Fremdwahrnehmung schadet.

Aber Jills impulsive Art zu kommunizieren, ist auch eine Stärke. Wenn etwas Schwieriges gesagt werden muss, hat Jill kein Problem damit (beispielsweise jemanden darauf hinzuweisen, dass er Mundgeruch hat). Sie trägt ihr Herz furchtlos auf der Zunge, was merkwürdigerweise dazu führt, dass andere sie mögen. Vielen gefällt Jills Authentizität, weil sie es in der Regel gut meint. Menschen fühlen sich in ihrer Gegenwart wohl, weil sie nicht auf der Hut sein müssen – Jill ist es auch nicht.

Mit der Zeit habe ich begriffen, dass diese Züge Jill eine enorme Fähigkeit verleihen, Menschen auf ganz bestimmte Weise zu erreichen, eine Art Kraft, andere zu motivieren und zu beeinflussen. Fast jeder, der sie kennenlernt, bewundert sie und schließt sich ihr gern an.

Weil es mir von Natur aus schwerfällt, Auseinandersetzungen zu führen, habe ich viel von Jill gelernt. Sie hat mir beigebracht, dass es wichtig ist, für das übergeordnete Wohl die Stimme zu erheben, auch wenn das im ersten Moment nicht angenehm ist. Und obwohl ich weiterhin sehr für eine durchdachte Form der Kommunikation plädieren möchte, hat Jill mir beigebracht, nicht endlos über meine Worte und Taten nachzudenken.

Diese Lektion sollten Sie sich merken: Emotionale Intelligenz kommt in vielen verschiedenen Verpackungen, Formen und Größen. Mann oder Frau. Laut oder leise. Direkt oder zurückhaltend. Anführer oder Mitläufer.

Je mehr Sie sich Ihrer emotionalen Neigungen und Schwächen bewusst werden, desto mehr sollten Sie versuchen, von jenen zu lernen, die ganz anders sind.

In vielen Fällen sind sie es, die Ihnen am meisten beibringen können.

Ein letztes Wort

Unsere Gefühle beeinflussen praktisch alles in unserem Leben. Sie bestimmen, ob uns ein Film gefällt, ein Lied oder ein Kunstwerk. Sie helfen uns bei der Entscheidung, welchen Beruf wir wählen sollen und wo wir uns bewerben. Sie nehmen Einfluss auf unsere Entscheidung, wo wir leben und für wie lange. Sie bewegen uns bei der Entscheidung, mit wem wir unsere Zeit verbringen, mit wem wir ausgehen, in wen wir uns verlieben und wen wir heiraten ... und wen wir auf dem Weg zurücklassen.

Gefühle können uns in Sekundenschnelle zu Entscheidungen bringen, die möglicherweise Konsequenzen für den Rest unseres Lebens haben. Manchmal geben sie uns das Gefühl, in einem schwarzen Loch zu sitzen, aus dem es kein Entrinnen gibt – selbst wenn der Rest der Welt das anders sieht. Aber sie können auch das Licht am Ende des Tunnels sein und schwierige Lebensverhältnisse sehr viel erträglicher machen.

Emotionen bestimmen, wen wir uns zum Anführer wählen und wer uns wählt. Sie sind schuld an allen Kriegen, die jemals ausgetragen wurden – und an allen Friedensverträgen, die Menschen unterzeichnet haben.

Aus all diesen Gründen ist emotionale Intelligenz so wertvoll.

Denken Sie immer daran, dass es bei der emotionalen Intelligenz nicht darum geht, jedes noch so winzige Gefühl zu verstehen, das man empfindet, oder alles, was einem widerfährt, bis ins kleinste Detail zu analysieren. Vielmehr handelt es sich um die Fähigkeit, ein tieferes Verständnis herzustellen, wenn das sinnvoll ist. Und um die Fähigkeit, einfach den Augenblick zu genießen, sollte das nicht so sein.

Es gibt kein lebenslang gültiges Zertifikat, das Ihnen emotionale Intelligenz bescheinigt. Genau wie ein Musiker einrostet, wenn er nicht übt, verlieren Sie die Fähigkeit zu Selbstreflexion und Perspektivenwechsel, wenn Sie nicht dranbleiben. Häufig macht man die schlimmsten Fehler, wenn man gerade das Gefühl hat, einen bestimmten Aspekt der emotionalen Intelligenz gemeistert zu haben. Wie Sie dann mit diesen Fehlern umgehen, zeigt, wie emotional intelligent Sie wirklich sind. In solchen Momenten gewinnen

Sie durch Nachdenken und Übung überraschende Einsichten – und diese Aha-Effekte machen Sie zu einem besseren Menschen, wenn Sie das zulassen.

Sollte Ihnen so etwas widerfahren, teilen Sie mir das bitte mit. Sie finden meine Kontaktinformationen auf Seite 177. Schließlich sind wir alle Lernende. Und wir lernen voneinander.

Bleiben Sie also an Ihren Lektionen dran. Versuchen Sie weiterhin, sich die große Kraft der Emotionen zunutze zu machen, damit Sie nicht zum Sklaven Ihrer eigenen Gefühle werden. Streben Sie nach Wissen und Verständnis mit dem Ziel, ein besserer Mensch zu sein. Setzen Sie Ihr Wissen ein, um sich vor jenen zu schützen, die Sie und Ihre Gefühle ausnutzen wollen.

Denken Sie immer daran: Gefühle sind schön. Sie machen uns menschlich.

Genießen Sie sie. Lieben Sie sie. Akzeptieren Sie sie.

Unterschätzen Sie niemals ihre Macht und ihr Potenzial, Schaden anzurichten.

Lernen Sie, in Übereinstimmung mit diesen Wahrheiten zu leben. Mit Sicherheit werden Ihre Gefühle dann für Sie arbeiten und nicht gegen Sie.

Anhang

Die 10 Gebote der emotionalen Intelligenz

• • • • •

1. Du sollst über deine Gefühle nachdenken.

Emotionale Intelligenz beginnt damit, dass man die richtigen Fragen stellt. Zum Beispiel:

- Wo liegen meine emotionalen Stärken? Wo meine emotionalen Schwächen?
- Wie würde ich meinen Gesprächsstil beschreiben? Wie würden andere ihn beschreiben?
- Inwiefern beeinflusst meine aktuelle Stimmungslage meine Gedanken und Entscheidungen?
- In welchen Situationen stelle ich fest, dass meine Gefühle gegen mich arbeiten?

Das Nachdenken über solche Fragen hilft Ihnen, Ihre Selbstwahrnehmung zu verbessern. So gewinnen Sie wertvolle Einsichten, die Sie zu Ihrem Vorteil nutzen können.

2. Du sollst aus dem Blickwinkel der anderen lernen.

Konzentrieren Sie sich nicht auf „richtig" oder „falsch", wenn Sie anderen zuhören. Versuchen Sie lieber, die Unterschiede im Blickwinkel zu verstehen und warum das so ist.

Dazu gehört, dass man negatives Feedback akzeptiert. Nur so spüren Sie Schwachpunkte auf und können an sich arbeiten.

3. Du sollst lernen innezuhalten.

Machen Sie mal Pause und denken Sie einen Augenblick nach, ehe Sie sprechen oder handeln. Theoretisch klingt das leicht, die praktische Durchführung ist aber schwer.

Erwarten Sie keine Perfektion und üben Sie immer weiter. Das „Pausemachen" kann Peinlichkeiten ersparen und zahllose Beziehungen retten.

4. Du sollst Empathie beweisen.

Anstatt andere zu verurteilen und abzuqualifizieren, sollten Sie hart daran arbeiten, die Dinge mit ihren Augen zu sehen. Hören Sie zu und verstehen Sie – selbst wenn Sie nicht zustimmen. Fragen Sie sich: *Warum fühlt diese Person sich so*? *Was liegt dem zugrunde*?

Empathie vergrößert Ihren Einfluss auf andere und führt zu stärkeren, intensiveren Beziehungen.

5. Du sollst andere loben.

Menschen sehnen sich nach Lob und Anerkennung. Wenn Sie anderen Ihre ehrliche Wertschätzung aussprechen, befriedigen Sie dieses Bedürfnis – und bauen im Gegenzug Vertrauen auf.

Denken Sie daran: Jeder verdient ein Lob – man muss nur herausfinden, wofür. Konzentrieren Sie sich auf das Gute in Ihrem Gegenüber, äußern Sie Ihre Anerkennung und vor Ihnen steht ein besserer Mensch.

6. Du sollst dich entschuldigen.

„Es tut mir leid". Diese Worte über die Lippen zu bringen, kann zum Schwierigsten überhaupt gehören. Es kann aber auch das Wirkungsvollste überhaupt sein.

Gestehen Sie Fehler ein und entschuldigen Sie sich, sollte das nötig sein, und Sie werden Eigenschaften wie Bescheidenheit und Glaubwürdigkeit entwickeln, die in den Augen der anderen attraktiv sind.

7. Du sollst vergeben.

Wer sich weigert, zu vergeben, reißt alte Wunden wieder auf – und die Heilung bleibt aus.

Verharren Sie nicht in Verbitterung, während Ihr Beleidiger mit seinem Leben weitermacht. Durch Vergebung erhalten Sie die Chance, Ihrerseits voranzuschreiten.

8. Du sollst glaubwürdig sein.

Glaubwürdige Menschen teilen ihre wahren Gedanken und Gefühle mit anderen. Sie wissen, nicht jeder wird ihnen zustimmen, und das ist in Ordnung so. Sie wissen auch, dass sie nicht perfekt sind. Aber sie scheuen sich nicht, diese mangelnde Perfektion zu zeigen, weil sie wissen, dass es anderen genauso geht.

Glaubwürdigkeit bedeutet nicht, dass man jedem alles über sich erzählt. Es *bedeutet*, zu sagen, was man meint, zu meinen, was man sagt, und sich vor allem an die eigenen Werte und Prinzipien zu halten.

9. Du sollst Herr über deine Gedanken sein.

In einer negativen Situation haben Sie vielleicht keine große Kontrolle über Ihre Gefühle. Aber wenn Sie sich auf Ihre Gedanken konzentrieren, können Sie Ihre Reaktionen in den Griff bekommen.

Wer sich auf seine Gedanken konzentriert, lehnt es ab, zum Spielball seiner Gefühle zu werden. Akzeptieren Sie Ihre Gefühle und schreiten Sie dann voran – so wie Ihre Ziele und Werthaltungen es verlangen.

10. Du sollst immer weiter lernen.

Bei der emotionalen Intelligenz geht es nicht darum, Perfektion zu erreichen, nicht einmal ein bestimmtes Niveau. Häufig hat man gerade das Gefühl, die anderen neun Gebote „geschafft“ zu haben, wenn man den gröbsten Fehler macht. Der Umgang mit diesem Fehler beweist dann, wie emotional intelligent Sie wirklich sind.

Unterschätzen Sie niemals die Macht der Gefühle, zum Guten wie zum Schlechten. Und lassen Sie Ihre Gefühle immer für sich arbeiten, niemals gegen sich.

Danksagung

Im Rückblick fand ich das Thema „Gefühle“ schon immer faszinierend. Es begann mit meinen Eltern, die absolute Gegensätze sind. Ich kam mehr nach meiner Mutter, die leichthin über ihre Gefühle sprach. Sie lachte gern und wollte gern lachen. Genauso leicht begann sie zu weinen. Diese Fähigkeit, schnell und tief zu empfinden, hat sie an mich weitergegeben. Das hat mich geformt. Neben vielen anderen Dingen hat meine Mutter mich gelehrt, wie wichtig die Empathie ist – dafür werde ich ihr immer dankbar sein.

Mein Vater war anders. Er genoss das Gefühl der Kontrolle. Das wurde deutlich, wenn er in anderen Gefühle weckte: Als Geschichtenerzähler spannte er uns (immer langsam) auf die Folter – bis zum großen Finale. Doch sein Kontrollbedürfnis ließ ihn Gefühle verstecken, damit er nicht schwach wirkte. (Bis heute habe ich ihn niemals weinen sehen.) Durch meinen Vater habe ich gelernt, dass alle Menschen die gleichen Gefühle empfinden, doch ihr Ausdruck variiert stark, je nach Persönlichkeit.

Meine Schwester ist eine starke, schöne Frau, die erhebliche Widerstandskraft besitzt. Sie hat sich großen Herausforderungen ohne Umschweife gestellt, ohne ans Aufgeben zu denken. Das habe ich von ihr gelernt. Ihr Selbstvertrauen ist mir ein großer Ansporn.

Mein Bruder ist brillant, aber bescheiden. Er kann Gefühle anders ausdrücken als ich. Uns verbindet ein tiefes Band und ich lerne immer noch von ihm, obwohl er mehr als zehn Jahre jünger ist. In vieler Hinsicht wünsche ich mir, ich wäre mehr wie er.

Mein Schwiegervater ist einer der wärmsten, gastfreundlichsten, liebevollsten und arbeitswilligsten Menschen, die ich kenne. Genau wie seine Frau es war. Ich bin auf ewig dankbar, dass sie mich in ihre Familie aufgenommen haben, und ich freue mich darauf, Mom eines Tages wiederzusehen.

Mein Schwager und meine Schwägerin, Adam und Ella, sind mehr als Familie, sie sind Freunde. Sie haben mir geholfen, mich in einem neuen Land mit einer neuen Sprache, anderem Essen und einer fremden Kultur zu Hause zu fühlen.

Eine Reihe von Lehrern hat meine Liebe zum Schreiben gefördert, darunter keine mehr als Ms. Jane Glasser aus dem Literaturkurs meines Abschlussjahrgangs. Ms. Glasser hat mir Mut gemacht, nicht nur für mich zu schreiben, sondern auch für andere.

1998 wurde ich nach New York eingeladen, um in Bethel zu arbeiten, der Weltzentrale von Jehovas Zeugen. Dort sollte ich die nächsten 13 Jahre meines Lebens verbringen und lernte von herausragenden Mentoren wie Marc und Jess Portillo, Kevin Wier, Mark Flores, Max Larson, John Larson, John Foster, Andres Reinoso, Alex Gonzales, Duane Svenson, Jon und Janet Sharpe, Alan und Joan Janzen, Ty und Rebecca Fulton, Diane Khanna, Tony Perez, Tony Griffin, Mark Mattson, Chuck Woody, Doug Chappel, Virgil Card, Thomas Jefferson und anderen. Diese Menschen haben mir beigebracht, dass es beim Führen nicht um die Position geht, die man innehat, sondern um das richtige Handeln. Und sie haben mir gezeigt, dass die besten Manager immer die Mitarbeiter voranstellen. Hier habe ich eine bemerkenswerte Ausbildung genossen und Erfahrungen gewonnen, die ich um nichts in der Welt missen würde.

Fausto und Vera Hidalgo, Roel und Sheryl Tuzon, Priest Price, Sandra und Orvil Hinojos, Jesse und Liz Hoefle (und ihre Familien), die Familie Venturina, die Familie Figueras, die Familie Flores, die Familie Lemsic, die Familie Carlos, die Familie Myszczenko, die Familie Asare und die Familie Romano haben mir ein zweites Zuhause gegeben und viel mehr, als ich je zurückgeben könnte. Ihnen allen gehört ein besonderer Platz in meinem Herzen.

Ms. Lisle, Belen del Valle, die Familie Mann, Anita Beye und Kris Sistrunk verhalfen mir alle zu einem guten Start in Deutschland und lehrten mich, wie man in Europa Geschäfte macht.

Das Team von LinkedIn – darunter Daniel Roth, Isabelle Roughol, Chip Cutter, John C. Abell, Amy Chen, Laura Lorenzetti Soper und Katie Carroll – boten mir eine Plattform, um mich mitzuteilen. Daraus ergaben sich Chancen, von denen ich nicht geträumt hätte.

Jeff Haden hat mich unter seine Fittiche genommen und mir mehr über den Erfolg als Autor beigebracht, als ich für möglich gehalten hätte – einfach, weil er ein netter Kerl ist.

Laura Lober ließ sich auf einen unerfahrenen Autor ein, als sie mir eine Kolumne bei Inc.com gab. Dann hat sie mir sehr geholfen, besser zu werden.

Daniel Goleman, Carol Dweck, Howard Gardner, Brené Brown, Satya Nadella, Howard Schultz, Captain Chesley B. „Sully" Sullenberger III, Robert Cialdini, Sheryl Sandberg, Simon Sinek, Tiffany Watt Smith, Tom Peters, Richard Davidson, Travis Bradberry, Jean Graves, Sharon Begley, Daniel Ariely, Daniel Kahneman, Victor Cheng, Joseph LeDoux und Susan David haben erhellende Einsichten über Gefühle, das menschliche Denken oder Theorie und Praxis des Managements mit mir geteilt, die zur Grundlage für mein eigenes Werk wurden.

Hendrie Weisinger (Dr. Hank), Adam Grant, Chris Voss, Andy Cunningham, Drew Brannon, Lorenzo Diaz-Mataix und Julia Kristina haben großzügig ihre Zeit geopfert und ihr Wissen und ihre Erfahrungen in persönlichen Gesprächen mit mir geteilt. Zusammen mit ihnen halfen Brian Brandt, Trent Selbrede und Kristin Sherry mir, meine eigenen Gedanken zu klären und zu formulieren.

Kevin Kruse und Sally Hogshead haben ebenfalls ihre Erfahrungen mit mir geteilt.

Das gesamte Team bei Page Two hat mir beim Schreiben dieses Buches sehr geholfen. Jesse Finkelstein hat mir ein bemerkenswertes Geschenk gemacht: die Vision, was dieses Buch sein könnte (und sein sollte). Gabi Narsted war eine großartige Koordinatorin und hat für die Einhaltung des Zeitplans gesorgt. Meine Lektorin, Amanda Lewis, war alles, was ich erwartet hatte: Sie half mir, die Stärken des Buches herauszuarbeiten, die Schwächen zu verbessern und meine Worte mit den Augen der Leser zu sehen – während sie mich immer ermuntert hat, weiterzumachen. May Antaki und Jenny Govier halfen mir beim weiteren Ausfeilen und Klären – damit im Text wirklich meine Gedanken zum Ausdruck kommen.

Peter Cocking, Taysia Louie und Aksara Mantra trugen zum wunderschönen Design des Buches bei, innen wie außen. Dafür bin ich sehr dankbar, weil wir ja alle wissen, dass Menschen Bücher nach ihren Umschlägen *beurteilen* … und nach dem Aussehen im Innern.

Ivette K. Caballeros war die ideale Marketingstrategin für das Buch. Und Michelle Alwine ist eine brillante Kommunikatorin. Es war eine Freude, mit ihr zu arbeiten. Gemeinsam haben sie es geschafft, dass so viele Menschen das Buch in die Hände nehmen.

Mein besonderer Dank geht außerdem an LeRon Pinder, Ruth Flores, Francis Bonilla, Myron Loggins, Chris und Sugeiri Brown, Masai Collins, Joe und April Paglia, Craig Martin, Dan und Priscilla Pecsok, Skip und Geege Koehler, Ralph und Sasha Mejia, Ernie und Diana Reed, Chris Boyce, Sherman Butts, Kevin Clanton, David und Arnie Locquiao, Curtis und Marlene Walters, Quirin und Jemima Gumadlas, die Familie Marcelo, die Familie Peña, die Familie Porcema, die Familie Jose, Stefan und Cherry Sanidad, Phil und Irish Santiago, Kevin und Mayleen Smith, Ronnel Tuazon, Chelsea und Joshua Pulcifer, Tim und Monica Purscell, James Flood, Pete und Rebecca Schmeichel, Jim und Christa Birner, Jogesh Khana, Eric und Loida Lundy, Derrel Jones, Giraud Jackson, Jeremy und Zuleka Murrie, Eddie Castillo, Lena Johnson, Franklin und Rita Saucedo, Michael und Rebecca Gietler, Phil und Michelle Geringer, Gerry und Amy Navarro, Tim und Pam Zalesky, Joe Lueken, Aquil Khan, Glenn Balmes, Connie und Jonathan Lei, Genelle Morrison, Johnathan und Maureen Dimalanta, Melvin Dimalanta, Erick und Erica Calunsag, Rodge Jansuy, Mitch und Bridgeta Lipayon, Eric Islas, Randy und Johanna Rosabal, Omar Morales, Noe Luna, Joe und Barbara Lynch, Patrick und Rachel Swann, Mark und Linda Sprankle, die Familie Vadala, Don und Andria Benjamin, die Familie Rivera, Spencer und Rachel Wetten, Micah und Ashlie Helie, die Familie Boie, Anne Brackett, Sia Stephanos, Sally Thornton, Mike und Jennifer Reis, Dawn und Todd Meyer, Zoe und Bill Conger, die Familie Wardlow, Gary und Linda Gorum, die Familie Robertson, die Familie Campau, die Familie Lello, Michael und Theresa O'Neill, Isabel und Ray Perez, die Familie Mattson, Jocelyn und Darius Whitten, Beverly Stephens, Lemar und Rabiha Garnett, die Familie Al-Shaffi, Matthias und Avelina Eichler, Ben und Monika Jenkins, Manuel und Hana Krause, Stefan Steiner, Jeremy Borkovic, Hannelore und Peter Mitrega, Harald und Sybille Beinczyk, Pieter und Karen Vousden, Rainald und Ruth Kahle, Niki und Nikita Karlstroem, Daniel und Dolores Hahn, Solano und Cyndi Williams,

Virgil und Deidre Card, Dan und Katie Houghton, Alex und Tabitha Scholz, die Familie Quohilag, Fernand und Jill Oundjian, Olga und Adam Grzelczyk, Magda und Rafal Szjabel, Lidia Mikunda, Agnieszka Zachariasz, Nella und Olli Schueller, Ernst und Jessica Schneidereit, Russ und Arianne Miller, Tim Kouloumpas, Michael Reinmueller, Alex Reinmueller, Mark Noumair, Guy Pierce, Gerritt Lösch, Bobby und Galina Rivera, Kris und Doro Sistrunk, Falko und Dani Burkmann, Moritz und Vroni Strauss, Loren und Elsbeth Klawa, die Familie Zachariadis, die Familie Ohene-Korang, die Familie Ordonez, Bernd und Inge Wrobel, Silas und Melanie Burgfeld, die Familie Schwicker, die Familie Ouedraogo, die Familie Schoemer, Vasilis und Veronika Chantzaras, Sonja und Uwe Herrmann, Elsbeth und Lorén Klawa, die Familie Latimer, Daniel und Rachel Pilley, die Familie Rosenzweig, Nora Smith, Virginia und Anais Chan, Daniel Wirthmueller, Jack und Caroline Simpson, Albin Fritz, Bill und Jason Liber, Sebastian Elstner, die Familie Rurainski und viele andere, die ich hier leider nicht aufführen kann. Von ihnen allen habe ich viel gelernt.

Meine Kinder Jonah und Lily haben Gefühle in mir geweckt, die ich vorher nie empfunden habe. Ich sehe so viel von mir in Jonah, dass ich es gar nicht glauben kann. Lily steckt voller Überraschungen, und die emotionale Intelligenz der ganzen Welt kann mich nicht vor ihrem Charme bewahren. (Ich hoffe, sie nutzt das zum Guten, nicht zum Bösen.) Jeden Tag wieder bin ich stolz auf diese beiden und ich danke Jehova, dass er mir die Freude, die Verantwortung und das Privileg gewährt hat, sie großzuziehen.

Und schließlich ist da meine Frau Dominika. Ich wusste vom ersten Augenblick an, du bist etwas Besonderes, und du hast mich seither immer wieder beeindruckt. Seit zehn Jahren sind wir verheiratet und ich liebe dich mehr denn je. Du machst einen guten Menschen aus mir. Du bist mein Ein und Alles. Ohne dich bin ich verloren – im wahrsten Sinne des Wortes.

Aber mit dir zusammen bin ich der glücklichste Mensch auf Erden.

Endnoten

Kapitel 1: Von der Theorie zur Praxis

1 Andy Cunningham, Interview des Autors, 8. Dezember 2017.
2 „About Daniel Goleman". Daniel Goleman (Internetseite). www.danielgoleman.info/biography (Aufgerufen am 7. Januar 2018).
3 Howard Gardner, Frames of Mind: The Theory of Multiple Intelligences. 3. Aufl. (New York: Basic Books, 2011).
4 Peter Salovey und John D. Mayer, „Emotional Intelligence". Imagination, Cognition, and Personality 9, Nr. 3 (1990): 185–211, http://ei.yale.edu/wp-content/uploads/2014/06/pub153_SaloveyMayerICP1990_OCR.pdf.
5 Carol S. Dweck, *Selbstbild: Wie unser Denken Erfolge oder Niederlagen bewirkt* (München: Piper, 2017).
6 Walter Isaacson, *Steve Jobs* (München: btb, 2012).

Kapitel 2: Unter Kontrolle

7 Chesley B. „Sully" Sullenberger III und Jeffrey Zaslow, *Sully: Das Wunder von Hudson* (München: Penguin, 2016).
8 Chesley Sullenberger, Interview von Katie Couric, 60 *Minutes*, CBS, 8. Februar 2009.
9 Andrea Bonior, „The Surefire First Step to Stop Procrastinating". *Psychology Today*, 1. Mai 2014, www.psychologytoday.com/blog/friendship-20/201405/the-surefire-first-step-stop-procrastinating.
10 Louise Beattie, Simon D. Kyle, Colin A. Espie und Stephany M. Biello, „Social Interactions, Emotion and Sleep: A Systematic Review and Research Agenda". *Sleep Medicine Reviews* 24 (2015): 83–100.
11 Susan David, *Emotional Agility: Get Unstuck, Embrace Change, and Thrive in Work and Life* (New York: Penguin, 2016).
12 Lisa Feldman Barrett, *How Emotions Are Made: The Secret Life of the Brain* (New York: Houghton Mifflin Harcourt, 2017).
13 Jeremy P. Jamieson, Wendy Berry Mendes, Erin Blackstock und Toni Schmader, „Turning the Knots in Your Stomach into Bows: Reappraising Arousal Improves Performance on the GRE". *Journal of Experimental Social Psychology* 46, Nr. 1 (2010): 208–212.
14 Alison Wood Brooks, „Get Excited: Reappraising Pre-performance Anxiety as Excitement". *Journal of Experimental Psychology: General* 143, Nr. 3 (2013): 1144–1158.
15 David Kidd und Emanuele Castano, „Different Stories: How Levels of Familiarity with Literary and Genre Fiction Relate to Mentalizing". *Psychology of Aesthetics, Creativity, and the Arts* II, Nr. 4 (2017): 474–486;

P. Matthijs Bal und Martijn Veltkamp, „How Does Fiction Reading Influence Empathy? An Experimental Investigation on the Role of Emotional Transportation". PLOS *One* 8, Nr. 1 (2013): e55341.
16 Beattie, „Social Interactions, Emotion and Sleep".
17 Karen A. Baikie und Kay Wilhelm, „Emotional and Physical Health Benefits of Expressive Writing". *Advances in Psychiatric Treatment* 11, Nr. 5 (2005): 338–346.
18 Julia Zimmermann und Franz J. Neyer, „Do We Become a Different Person When Hitting the Road? Personality Development of Sojourners". *Journal of Personality and Social Psychology* 105, Nr. 3 (2013): 515.
19 Sully Sullenberger.

Kapitel 3: Gewohnheitstiere

20 Richard J. Davidson, *Warum regst du dich so auf?: Wie die Gehirnstruktur unsere Emotionen bestimmt* (München: Goldmann, 2016).
21 Carol S. Dweck, *Selbstbild*.
22 Joseph E. LeDoux, „Amygdala". *Scholarpedia* 3, Nr. 4 (2008): 2698.
23 Charles Duhigg, *Die Macht der Gewohnheit: Warum wir tun, was wir tun* (Berlin: Bloomsbury, 2012).
24 Brent J. Atkinson, „Supplementing Couples Therapy with Methods for Reconditioning Emotional Habits". *Family Therapy Magazine* 10, Nr. 3 (2011): 28–32.

Kapitel 4: Rohdiamanten

25 Pete Wells, „At Thomas Keller's Per Se, Slips and Stumbles". *New York Times*, 12. Januar 2016.
26 Thomas Keller, „To Our Guests", Thomas Keller Restaurant Group (Internetseite). www.thomaskeller.com/messagetoourguests (Aufgerufen am 8. Dezember 2017).
27 Gabe Ulla, „Can Thomas Keller Turn Around Per Se?" *Town & Country*, Oktober 2016.
28 Jodi Kantor und David Streitfeld, „Inside Amazon: Wrestling Big Ideas in a Bruising Workplace". *New York Times*, 16. August 2015.
29 Dean Baquet, „Dean Baquet Responds to Jay Carney's *Medium* Post". *Medium*, 19. Oktober 2015, https://medium.com/@NYTimesComm/dean-baquetresponds-to-jay-carney-s-medium-post-6af794c7a7c6.
30 John Cook, „Full Memo: Jeff Bezos Responds to Brutal NYT Story, Says It Doesn't Represent the Amazon He Leads". GeekWire, 16. August 2015, www.geekwire.com/2015/full-memo-jeff-bezos-responds-to-cutting-nyt-expose-says-tolerance-for-lack-of-empathy-needs-to-be-zero.
31 Taylor Soper, „Amazon to ‚Radically' Simplify Employee Reviews, Changing Controversial Program amid Huge Growth". GeekWire, 14. November 2016, www.geekwire.com/2016/amazon-radically-simplify-employee-reviews-changing-controversial-program-amid-huge-growth.

32 Agence France-Presse, „Parents Who Praise Children Too Much May Encourage Narcissism, Says Study". *Guardian*, 10. März 2015, www.theguardian.com/world/2015/mar/10/parents-who-praise-children-too-much-may-encourage-narcissism-says-study.

33 Mike Myatt, *Hacking Leadership: The 11 Gaps Every Business Needs to Close and the Secrets to Closing Them Quickly* (Hoboken, NJ: Wiley, 2013)

34 Sheila Heen und Douglas Stone, „Find the Coaching in Criticism". *Harvard Business Review*, Januar/Februar 2014, https://hbr.org/2014/01/find-the-coaching-in-criticism.

35 Carolyn O'Hara, „How to Get the Feedback You Need". *Harvard Business Review*, 15. Mai 2015, https://hbr.org/2015/05/how-to-get-the-feedback-you-need.

36 Peter Holley, „He Was Minutes from Retirement". *Washington Post*, 12. Dezember 2016, www.washingtonpost.com/news/on-leadership/wp/2016/12/12/he-was-minutes-from-retirement-but-firsthe-blasted-his-bosses-in-a-company-wide-email.

Kapitel 5: Die Wahrheit über Empathie

37 Susan Lanzoni, „A Short History of Empathy". *Atlantic*, 15. Oktober 2015, www.theatlantic.com/health/archive/2015/10/a-short-history-of-empathy/409912.

38 Daniel Goleman, „Three Kinds of Empathy". Daniel Goleman (Internetseite), 12. Juni 2007, www.danielgoleman.info/three-kinds-of-empathy-cognitive-emotional-compassionate.

39 Adam Grant, *Geben und Nehmen: Warum Egoisten nicht immer gewinnen und hilfsbereite Menschen weiterkommen* (München: Droemer, 2016).

40 Shankar Vedantam, „Hot and Cold Emotions Make Us Poor Judges". *Washington Post*, 6. August 2007.

41 Paul Bloom, *Against Empathy: The Case for Rational Compassion* (New York: Ecco, 2016).

42 Barbara Lombardo und Caryl Eyre, „Compassion Fatigue: A Nurse's Primer". *Online Journal of Issues in Nursing* 16, Nr. 1 (2011): 3; Maryann Abendroth und Jeanne Flannery, „Predicting the Risk of Compassion Fatigue". *Journal of Hospice and Palliative Nursing* 8, Nr. 6 (2006): 346–356.

43 Robin Stern und Diane Divecha, „The Empathy Trap". *Psychology Today*, 4. Mai 2015, www.psychologytoday.com/articles/201505/the-empathy-trap.

44 Keith Hampton, Lee Rainie, Weixu Lu, Inyoung Shin und Kristen Purcell, „Social Media and the Cost of Caring". Pew Research Center (Internetseite), 15. Januar 2015, www.pewinternet.org/2015/01/15/social-media-and-stress.

45 Sheryl Sandberg, „Today is the end of sheloshim for my beloved husband". Facebook, 3. Juni 2015, www.facebook.com/sheryl/posts/10155617891025177.

46 Sheryl Sandberg, „There have been many times when I've been grateful to work at companies that supported families". Facebook, 7. Februar 2017, www.facebook.com/sheryl/posts/10158115250050177.

47 „Guy H. Pierce, Member of the Governing Body of Jehovah's Witnesses, Dies". Jehovah's Witnesses (Internetseite), 20. März 2014, www.jw.org/en/news/releases/by-region/world/guy-pierce-governing-body-member-dies.

Kapitel 6: Die Macht der Einflussnahme

48 Chris Voss und Tahl Raz, *Never Split the Difference: Negotiating as If Your Life Depended on It* (New York: HarperBusiness, 2016).
49 Chris Voss, Interview des Autors, 9. Februar 2018.
50 Dale Carnegie, *Wie man Freunde gewinnt: Die Kunst, beliebt und einflussreich zu werden* (Frankfurt: Fischer, 2011).
51 Jay Conger, *The Necessary Art of Persuasion* (Boston: Harvard Business Review Press, 2008).
52 Lyz Lenz, „Dear Daughter, I Want You to Fail". *Huffington Post*, 24. Februar 2013, www.huffingtonpost.com/lyz-lenz/snow-plow-parents_b_2735929.html.
53 Ramona G. Almirez, „Celine Dion Reacts Calmly to Fan Storming Stage". Storyful Rights Management, 8. Januar 2018, https://youtu.be/GoO2LpfcVVI.

Kapitel 7: Brücken bauen

54 Julia Rozovsky, „The Five Keys to a Successful Google Team". *re:Work* (Blog), 17. November 2015, https://rework.withgoogle.com/blog/five-keys-to-a-successful-google-team.
55 Jim Harter und Amy Adkins, „Employees Want a Lot More from Their Managers". Gallup Business Journal (Internetseite), 8. April 2015, http://news.gallup.com/businessjournal/182321/employees-lot-managers.aspx.
56 Angela Ahrendts, Interview von Rebecca Jarvis, *No Limits with Rebecca Jarvis*. ABC Radio, 9. Januar 2018.
57 Thomas Baumgartner, Urs Fischbacher, Anja Feierabend, Kai Lutz und Ernst Fehr, „The Neural Circuitry of a Broken Promise". *Neuron* 64, Nr. 5 (2009): 756–770.
58 Dan Ariely, *Payoff: The Hidden Logic That Shapes Our Motivations* (New York: Simon & Schuster/TED, 2016).
59 Erika Andersen, „Why We Hate Giving Feedback – and How to Make It Easier". *Forbes*, 12. Januar 2012, www.forbes.com/sites/erikaandersen/2012/06/20/why-we-hate-giving-feedback-and-how-to-make-it-easier.
60 Rodger Dean Duncan, „How Campbell's Soup's Former CEO Turned the Company Around". *Fast Company*, 18. September 2014, www.fastcompany.com/3035830/how-campbells-soups-formerceo-turned-the-company-around.

Kapitel 8: Die Schattenseite

61 Nick Enoch, „Mein Camp: Unseen Pictures of Hitler . . . in a Very Tight Pair of Lederhosen". *Daily Mail*, 3. July 2014, www.dailymail.co.uk/news/article-2098223/Pictures-Hitler-rehearsing-hate-filledspeeches.html.

62 Alex Gendler and Anthony Hazard, „How Did Hitler Rise to Power?" TED-Ed, 18. Juli 2016, https://youtu.be/jFICRFKtAc4.

63 Ursa K.J. Naglera, Katharina J. Reiter, Marco R. Furtner und John F. Rauthmann, „Is There a ‚Dark Intelligence'? Emotional Intelligence Is Used by Dark Personalities to Emotionally Manipulate Others". *Personality and Individual Differences* 65 (2014): 47–52.

64 Tom Chivers, „How to Spot a Psychopath". Telegraph, 29. August 2017, www.telegraph.co.uk/books/non-fiction/spot-psychopath.

65 Robert Hare und Paul Babiak, *Menschenschinder oder Manager: Psychopathen bei der Arbeit* (München: Carl Hanser, 2007).

66 Mitja D. Back, Stefan C. Schmukle und Boris Egloff, „Why Are Narcissists So Charming at First Sight? Decoding the Narcissism–Popularity Link at Zero Acquaintance". *Journal of Personality and Social Psychology* 98, Nr. 1 (2010): 132–145.

67 Stéphane Côté, Katherine A. DeCelles, Julie M. McCarthy, Gerben A. Van Kleef und Ivona Hideg, „The Jekyll and Hyde of Emotional Intelligence: Emotion-Regulation Knowledge Facilitates Both Prosocial and Interpersonally Deviant Behavior". *Psychological Science* 22, Nr. 8 (2011): 1073–1080.

68 Sara Konrath, Olivier Corneille, Brad J. Bushman und Olivier Luminet, „The Relationship between Narcissistic Exploitativeness, Dispositional Empathy, and Emotion Recognition Abilities". *Journal of Nonverbal Behavior* 38, Nr. 1 (2014): 129–143.

69 Independent Directors of the Board of Wells Fargo & Company Oversight Committee. *Sales Practices Investigation Report*, 10. April 2017.

70 Matt Egan, „Workers Tell Wells Fargo Horror Stories". CNN Money, 9. September 2016, http://money.cnn.com/2016/09/09/investing/wells-fargo-phony-accounts-culture/index.html.

71 Chris Arnold, „Former Wells Fargo Employees Describe Toxic Sales Culture, Even at HQ". NPR, 4. Oktober 2016, www.npr.org/2016/10/04/496508361/former-wells-fargo-employees-describe-toxic-sales-cultureeven-at-hq.

72 Jen Wieczner, „How Wells Fargo's Carrie Tolstedt Went from Fortune Most Powerful Woman to Villain". *Fortune*, 10. April 2017, http://fortune.com/2017/04/10/wells-fargo-carrie-tolstedt-clawback-net-worth-fortune-mpw.

73 Joanne Martin, Kathleen Knopoff und Christine Beckman, „An Alternative to Bureaucratic Impersonality and Emotional Labor: Bounded Emotionality at The Body Shop". *Administrative Science Quarterly* 43, Nr. 2 (1998): 429–469.

74 Robinson Meyer, „Everything We Know about Facebook's Secret Mood Manipulation Experiment". *Atlantic*, 28. Juni 2014, www.theatlantic.com/technology/archive/2014/06/everything-we-know-about-facebooks-secret-mood-manipulation-experiment/373648/#IRB.
75 Drew Brannon, Interview des Autors, 21. Januar 2018.
76 „The Breaking News Consumer's Handbook". *On the Media Blog*, WNYC, 20. September 2013, www.wnyc.org/story/breaking-news-consumers-handbook-pdf.
77 Olivia Solon, „The Future of Fake News: Don't Believe Everything You Read, See or Hear". *Guardian*, 26. Juli 2017, www.theguardian.com/technology/2017/jul/26/fake-news-obama-video-trump-face2face-doctored-content.
78 „The Breaking News Consumer's Handbook". *On the Media Blog*.
79 Robert Cialdini, *Die Psychologie des Überzeugens: Wie Sie sich selbst und Ihren Mitmenschen auf die Schliche kommen* (Göttingen: Hogrefe, 2017).
80 Signe Whitson, „6 Tips for Confronting Passive-Aggressive People". *Psychology Today*, 11. Januar 2016, www.psychologytoday.com/blog/passive-aggressive-diaries/201601/6-tips-confronting-passive-aggressive-people.
81 Dale Archer, „Why Love-Bombing a Relationship Is So Devious". *Psychology Today*, 6. März 2017, www.psychologytoday.com/blog/reading-between-the-headlines/201703/why-love-bombing-in-relationship-is-so-devious.
82 Jodi Kantor und Megan Twohey, „Harvey Weinstein Paid Off Sexual Harassment Accusers for Decades". *New York Times*, 5. Oktober 2017, www.nytimes.com/2017/10/05/us/harvey-weinstein-harassment-allegations.html.
83 Cristela Guerra, „Where Did ‚Me Too' Come From? Activist Tarana Burke, Long before Hashtags". *Boston Globe*, 17. Oktober 2017, www.bostonglobe.com/lifestyle/2017/10/17/alyssa-milano-credits-activist-tarana-burke-with-founding-metoo-movement-years-ago/o2Jv29v6ljObkKPTPB9KGP /story.html.
84 Sophie Gilbert, „The Movement of #MeToo". *Atlantic*, 16. Oktober 2017, www.theatlantic.com/entertainment/archive/2017/10/the-movement-of-metoo/542979.

Literaturverzeichnis

Abendroth, Maryann und Jeanne Flannery. „Predicting the Risk of Compassion Fatigue". *Journal of Hospice and Palliative Nursing* 8, Nr. 6 (2006): 346–356.

Agence France-Presse. „Parents Who Praise Children Too Much May Encourage Narcissism, Says Study". Guardian, 10. März 2015. www.theguardian.com/world/2015/mar/10/parents-who-praise-children-too-much-may-encourage-narcissism-says-study.

Ahrendts, Angela. „The Self-Proclaimed ‚Non-Techie' Leading Apple Retail Strategy". Interview von Rebecca Jarvis. *No Limits with Rebecca Jarvis*. ABC Radio, 9. Januar 2018.

Almirez, Ramona G. „Celine Dion Reacts Calmly to Fan Storming Stage". Storyful Rights Management, 8. Januar 2018.

American Academy of Achievement. „Thomas Keller". www.achievement.org/achiever/thomas-keller-2 (Aufgerufen am 7. Januar 2017).

Andersen, Erika. „Why We Hate Giving Feedback – and How to Make It Easier". *Forbes*, 12. Januar 2012. www.forbes.com/sites/erikaandersen/2012/06/20/why-we-hate-giving-feedback-and-how-to-make-it-easier.

Archer, Dale. „Why Love-Bombing in a Relationship Is So Devious". *Psychology Today*, 6. März 2017. www.psychologytoday.com/blog/reading-between-the-headlines/201703/why-love-bombing-in-relationship-is-so-devious.

Ariely, Dan. *Payoff: The Hidden Logic That Shapes Our Motivations*. New York: Simon & Schuster/TED, 2016.

Arnold, Chris. „Former Wells Fargo Employees Describe Toxic Sales Culture, Even at HQ". NPR, 4. Oktober 2016. www.npr.org/2016/10/04/496508361/former-wells-fargo-employeesdescribe-toxic-sales-culture-even-at-hq.

Atkinson, Brent J. „Supplementing Couples Therapy with Methods for Reconditioning Emotional Habits". *Family Therapy Magazine* 10, Nr. 3 (2011): 28–32.

Back, Mitja D., Stefan C. Schmukle und Boris Egloff. „Why Are Narcissists So Charming at First Sight? Decoding the Narcissism–Popularity Link at Zero Acquaintance". *Journal of Personality and Social Psychology* 98, Nr. 1 (2010): 132–145.

Baikie, Karen A. und Kay Wilhelm. „Emotional and Physical Health Benefits of Expressive Writing". *Advances in Psychiatric Treatment* 11, Nr. 5 (2005): 338–346.

Bal, P. Matthijs und Martijn Veltkamp. „How Does Fiction Reading Influence Empathy? An Experimental Investigation on the Role of Emotional Transportation". PLOS *One* 8, Nr. 1 (2013): e55341.

Baquet, Dean. „Dean Baquet Responds to Jay Carney's Medium Post". *Medium*, 19. Oktober 2015. https://medium.com/@NyTimesComm/dean-baquet-responds-to-jay-carney-s-medium-post-6af794c7a7c6.

Barrett, Lisa Feldman. *How Emotions Are Made: The Secret Life of the Brain*. New York: Houghton Mifflin Harcourt, 2017.

Baumgartner, Thomas, Urs Fischbacher, Anja Feierabend, Kai Lutz und Ernst Fehr. „The Neural Circuitry of a Broken Promise". *Neuron* 64, Nr. 5 (2009): 756–770.

Beattie, Louise, Simon D. Kyle, Colin A. Espie und Stephany M. Biello. „Social Interactions, Emotion and Sleep: A Systematic Review and Research Agenda". *Sleep Medicine Reviews* 24 (2015): 83–100.

Bloom, Paul. *Against Empathy: The Case for Rational Compassion*. New York: Ecco, 2016.

Bonior, Andrea. „The Surefire First Step to Stop Procrastinating". *Psychology Today*, 1. Mai 2014. www.psychologytoday.com/blog/friendship-20/201405/the-surefire-first-step-stop-procrastinating.

Brooks, Alison Wood. „Get Excited: Reappraising Pre-performance Anxiety as Excitement". *Journal of Experimental Psychology: General* 143, Nr. 3 (2013): 1144–1158.

Brooks, David. „The Golden Age of Bailing". *New York Times*, 7. Juli 2017. www.nytimes.com/2017/07/07/opinion/the-golden-age-of-bailing.html.

Bryant, Adam. „Corey E. Thomas of Rapid7 on Why Companies Succeed or Fail". *New York Times*, 18. August 2017. www.nytimes.com/2017/08/18/business/corner-office-corey-thomas-rapid7.html.

Carnegie, Dale. *Wie man Freunde gewinnt: Die Kunst, beliebt und einflussreich zu werden*. Frankfurt: Fischer, 2011. (engl. Originalausgabe: 1981).

Carney, Jay. „What the *New York Times* Didn't Tell You". *Medium*, 19. Oktober 2015. https://medium.com/@jaycarney/what-thenew-york-times-didn-t-tell-you-a1128aa78931.

Chivers, Tom. „How to Spot a Psychopath". *Telegraph*, 29. August 2017. www.telegraph.co.uk/books/non-fiction/spot-psychopath.

Cialdini, Robert. *Die Psychologie des Überzeugens: Wie Sie sich selbst und Ihren Mitmenschen auf die Schliche kommen*. Göttingen: Hogrefe, 2017. (engl. Originalausgabe: 2009).

Conger, Jay. *The Necessary Art of Persuasion*. Boston: Harvard Business Review Press, 2008.

Cook, John. „Full Memo: Jeff Bezos Responds to Brutal NYT Story, Says It Doesn't Represent the Amazon He Leads". GeekWire, 16. August 2015. www.geekwire.com/2015/full-memo-jeff-bezos-responds-to-cutting-nyt-expose-says-tolerance-for-lack-of-empathy-needs-to-be-zero.

Côté, Stéphane, Katherine A. DeCelles, Julie M. McCarthy, Gerben A. Van Kleef und Ivona Hideg. „The Jekyll and Hyde of Emotional Intelligence: Emotion-Regulation Knowledge Facilitates Both Prosocial and Interpersonally Deviant Behavior". *Psychological Science* 22, Nr. 8 (2011): 1073–1080.

D'Alessandro, Carianne. „Dropbox's CEO Was Late to a Companywide Meeting on Punctuality. What Followed Wasn't Pretty". Inc.com, 6. Juli 2017. www.inc.com/video/drew-houston/how-dropboxs-ceo-learned-an-embarrassing-lesson-on-leadership.html.

David, Susan. *Emotional Agility: Get Unstuck, Embrace Change, and Thrive in Work and Life*. New York: Penguin, 2016.

Davidson, Richard J. *Warum regst du dich so auf?: Wie die Gehirnstruktur unsere Emotionen bestimmt*. München: Goldmann, 2016. (engl. Originalausgabe: 2012).

Donne, John. *Devotions upon Emergent Occasions*. Hrsg. v. Anthony Raspa. Montreal: McGill-Queen's University Press, 1975.

Duhigg, Charles. *Die Macht der Gewohnheit: Warum wir tun, was wir tun*. Berlin: Bloomsbury, 2012. (engl. Originalausgabe: 2012).

Duncan, Rodger Dean. „How Campbell's Soup's Former CEO Turned the Company Around". *Fast Company*, 18. September 2014. www.fastcompany.com/3035830/how-campbells-soups-former-ceo-turned-the-company-around.

Durant, Will. *The Story of Philosophy: The Lives and Opinions of the World's Greatest Philosophers*. New York: Simon & Schuster, 1953.

Dweck, Carol S. *Selbstbild: Wie unser Denken Erfolge oder Niederlagen bewirkt*. München: Piper, 2017. (engl. Originalausgabe: 2006).

Egan, Danielle. „Into the Mind of a Psychopath". *Discover*, Juni 2016.

Egan, Matt. „Workers Tell Wells Fargo Horror Stories". CNN Money, 9. September 2016. http://money.cnn.com/2016/09/09/investing/wells-fargo-phony-accounts-culture/index.html.

Enoch, Nick. „Mein Camp: Unseen Pictures of Hitler . . . in a Very Tight Pair of Lederhosen". *Daily Mail*, 3. Juli 2014. www.dailymail.co.uk/news/article-2098223/Pictures-Hitler-rehearsing-hate-filled-speeches.html.

Friedman, Milton. *Kapitalismus und Freiheit: Geleitwort von Horst Siebert*. München: Piper, 2011. (engl. Originalausgabe: 2002).

Gardner, Howard. *Frames of Mind: The Theory of Multiple Intelligences*. 3. Aufl. New York: Basic Books, 2011.

Gendler, Alex und Anthony Hazard. „How Did Hitler Rise to Power?" TED-Ed, 18. Juli 2016. https://youtu.be/jFICRFKtAc4.

Gilbert, Elizabeth. *Eat, Pray, Love*. Berlin: Berlin Verlag, 2013. (engl. Originalausgabe: 2006).

Gilbert, Sophie. „The Movement of #MeToo". *Atlantic*, 16. Oktober 2017. www.theatlantic.com/entertainment/archive/2017/10/the-movement-of-metoo/542979.

Goleman, Daniel. „About Daniel Goleman". Daniel Goleman (Internetseite). www.danielgoleman.info/biography (Aufgerufen am 7. Januar 2018). "Three Kinds of Empathy." Daniel Goleman (Internetseite), 12. Juni 2007. www.danielgoleman.info/three-kinds-of-empathy-cognitive-emotional-compassionate.

Goleman, Daniel, Richard Boyatzis und Annie McKee. *Emotionale Führung*. Ullstein, 2010. (engl. Originalausgabe: 2013).

Grant, Adam. *Geben und Nehmen: Warum Egoisten nicht immer gewinnen und hilfsbereite Menschen weiterkommen*. München: Droemer, 2016. (engl. Originalausgabe: 2013).

Guerra, Cristela. „Where Did 'Me Too' Come From? Activist Tarana Burke, Long before Hashtag". *Boston Globe*, 17. Oktober 2017. www.bostonglobe.com/lifestyle/2017/10/17/alyssa-milano-credits-activist-tarana-burke-with-founding-metoo-movement-years-ago/o2Jv29v6ljObkKpTpB9Kgp/story.html.

Hampton, Keith, Lee Rainie, Weixu Lu, Inyoung Shin und Kristen Purcell. „Social Media and the Cost of Caring". Pew Research Center (Internetseite), 15. Januar 2015. www.pewinternet.org/2015/01/15/social-media-and-stress.

Hare, Robert und Paul Babiak. *Menschenschinder oder Manager: Psychopathen bei der Arbeit*. München: Carl Hanser, 2007. (engl. Originalausgabe: 2006).

Harter, Jim und Amy Adkins. „Employees Want a Lot More from Their Managers". Gallup Business Journal (Internetseite), 8. April 2015. http://news.gallup.com/businessjournal/182321/employees-lot-managers.aspx.

Harvard Medical School. Harvard Study of Adult Development (Internetseite). www.adultdevelopmentstudy.org (Aufgerufen am 13. Januar 2018).

Heen, Sheila und Douglas Stone. „Find the Coaching in Criticism". *Harvard Business Review*, Januar/Februar 2014. https://hbr.org/2014/01/find-the-coaching-in-criticism.

Holley, Peter. „He Was Minutes from Retirement. But First, He Blasted His Bosses in a Company-Wide Email". *Washington Post*, 12. Dezember 2016. www.washingtonpost.com/news/on-leadership/wp/2016/12/12/he-was-minutes-from-retirement-but-first-he-blasted-his-bosses-in-a-company-wide-email.

Independent Directors of the Board of Wells Fargo & Company Oversight Committee. *Sales Practices Investigation Report*. Independent Directors of the Board of Wells Fargo & Company, 10. April 2017.

Isaacson, Walter. *Steve Jobs: Die autorisierte Biografie des Apple-Gründers*. München: btb, 2012. (engl. Originalausgabe: 2011).

Jamieson, Jeremy P., Wendy Berry Mendes, Erin Blackstock und Toni Schmader. „Turning the Knots in Your Stomach into Bows: Reappraising Arousal Improves Performance on the GRE". *Journal of Experimental Social Psychology* 46, Nr. 1 (2010): 208–212.

Kantor, Jodi und David Streitfeld. „Inside Amazon: Wrestling Big Ideas in a Bruising Workplace". *New York Times*, 16. August 2015.

Kantor, Jodi, und Megan Twohey. „Harvey Weinstein Paid Off Sexual Harassment Accusers for Decades". *New York Times*, 5. Oktober 2017. www.nytimes.com/2017/10/05/us/harvey-weinstein-harassment-allegations.html.

Keller, Thomas. „To Our Guests". Thomas Keller Restaurant Group (Internetseite). www.thomaskeller.com/messagetoourguests (Aufgerufen am 8. Dezember 2017).

Kidd, David und Emanuele Castano. „Different Stories: How Levels of Familiarity with Literary and Genre Fiction Relate to Mentalizing". *Psychology of Aesthetics, Creativity, and the Arts* 11, Nr. 4 (2017): 474–486.

Konrath, Sara, Olivier Corneille, Brad J. Bushman und Olivier Luminet. „The Relationship between Narcissistic Exploitativeness, Dispositional Empathy, and Emotion Recognition Abilities". *Journal of Nonverbal Behavior* 38, Nr. 1 (2014): 129–143.

Laborde, S., F. Dosseville und M.S. Allen. „Emotional Intelligence in Sport and Exercise: A Systematic Review". *Scandinavian Journal of Medicine & Science in Sports* 26, Nr. 8 (2016): 862–874.

Lanzoni, Susan. „A Short History of Empathy". *Atlantic*, 15. Oktober 2015. www.theatlantic.com/health/archive/2015/10/a-short-history-of-empathy/409912.

LeDoux, Joseph E. „Amygdala". *Scholarpedia* 3, Nr. 4 (2008): 2698. www.scholarpedia.org/article/Amygdala.

Lenz, Lyz. „Dear Daughter, I Want You to Fail". *Huffington Post*, 24. Februar 2013. www.huffingtonpost.com/lyz-lenz/snowplow-parents_b_2735929.html.

Lombardo, Barbara und Caryl Eyre. „Compassion Fatigue: A Nurse's Primer". *Online Journal of Issues in Nursing* 16, Nr. 1 (2011): 3.

Martin, Joanne, Kathleen Knopoff und Christine Beckman. „An Alternative to Bureaucratic Impersonality and Emotional Labor: Bounded Emotionality at The Body Shop". *Administrative Science Quarterly* 43, Nr. 2 (1998): 429–469.

Meyer, Robinson. „Everything We Know about Facebook's Secret Mood Manipulation Experiment". *Atlantic*, 28. Juni 2014. www.theatlantic.com/technology/archive/2014/06/everything-we-know-about-facebooks-secret-mood-manipulation-experiment/373648/#iRB.

Moon, Shinji. *The Anatomy of Being*. Eigenverlag, Lulu, 2013.

Myatt, Mike. *Hacking Leadership: The 11 Gaps Every Business Needs to Close and the Secrets to Closing Them Quickly*. Hoboken, NJ: Wiley, 2013.

Naglera, Ursa K.J., Katharina J. Reitera, Marco R. Furtnera und John F. Rauthmann. „Is There a 'Dark Intelligence'? Emotional Intelligence Is Used by Dark Personalities to Emotionally Manipulate Others". *Personality and Individual Differences* 65 (2014): 47–52.

O'Hara, Carolyn. „How to Get the Feedback You Need". *Harvard Business Review*, 15. Mai 2015. https://hbr.org/2015/05/how-to-get-the-feedback-you-need.

On the Media Blog. „The Breaking News Consumer's Handbook". WNYC, 20. September 2013. www.wnyc.org/story/breaking-news-consumers-handbook-pdf.

Outlaw, Frank. Zitiert in „What They're Saying". *San Antonio Light*, 18. Mai 1977, 7-B.

Rozovsky, Julia. „The Five Keys to a Successful Google Team". *re:Work* (Blog), 17. November 2015. https://rework.withgoogle.com/blog/five-keys-to-a-successful-google-team.

Salovey, Peter und John D. Mayer. „Emotional Intelligence". *Imagination, Cognition, and Personality* 9, Nr. 3 (1990): 185–211.

Sandberg, Sheryl. „There have been many times when I've been grateful to work at companies that supported families". Facebook, 7. Februar 2017. www.facebook.com/sheryl/posts/10158115250050177. „Today is the end of sheloshim for my beloved husband". Facebook, 3. Juni 2015. www.facebook.com/sheryl/posts/10155617891025177.

Shakespeare, William. *Timon of Athens*. Hrsg. v. John Dover Wilson. Cambridge: Cambridge University Press, 1961.

Solon, Olivia. „The Future of Fake News: Don't Believe Everything You Read, See or Hear". *Guardian*, 26. Juli 2017. www.theguardian.com/technology/2017/jul/26/fake-news-obama-video-trump-face2face-doctored-content.

Soper, Taylor. „Amazon to ‚Radically' Simplify Employee Reviews, Changing Controversial Program Amid Huge Growth". GeekWire, 14. November 2016. www.geekwire.com/2016/amazon-radically-simplify-employee-reviews-changing-controversial-program-amid-huge-growth.

Stern, Robin und Diane Divecha. „The Empathy Trap". *Psychology Today*, 4. Mai 2015. www.psychologytoday.com/articles/201505/the-empathy-trap.

Sullenberger, Chesley. „I Was Sure I Could Do It". Interview von Katie Couric. 60 *Minutes*. CBS, 8. Februar 2009.

Sullenberger, Chesley und Jeffrey Zaslow. *Sully: Das Wunder vom Hudson*. München: Penguin, 2016. (engl. Originalausgabe: 2009).

Ulla, Gabe. „Can Thomas Keller Turn Around Per Se?" *Town & Country*, Oktober 2016.

Vedantam, Shankar. „Hot and Cold Emotions Make Us Poor Judges". *Washington Post*, 6. August 2007.

Voss, Chris und Tahl Raz. *Never Split the Difference: Negotiating As If Your Life Depended On It*. New York: HarperBusiness, 2016.

Waldinger, Robert J. „What Makes a Good Life? Lessons from the Longest Study on Happiness". TED Talks, 1. Dezember 2015. www.ted.com/talks/robert_waldinger_what_makes_a_good_life_lessons_from_the_longest_ study_on_happiness.

Watch Tower Bible and Tract Society of Pennsylvania. „Guy H. Pierce, Member of the Governing Body of Jehovah's Witnesses, Dies". Jehovah's Witnesses (Internetseite), 20. März 2014. www.jw.org/en/news/releases/by-region/world/guy-pierce-governing-body-member-dies.

Wells, Pete. „At Thomas Keller's Per Se, Slips and Stumbles". *New York Times*, 12. Januar 2016.

Whitson, Signe. „6 Tips for Confronting Passive-Aggressive People". *Psychology Today*, 11. Januar 2016. www.psychologytoday.com/blog/passive-aggressive-diaries/201601/6-tips-confronting-passive-aggressive-people.

Wieczner, Jen. „How Wells Fargo's Carrie Tolstedt Went from Fortune Most Powerful Woman to Villain". *Fortune*, 10. April 2017. http://fortune.com/2017/04/10/wells-fargo-carrie-tolstedt-clawback-net-worth-fortune-mpw.

Wilde, Oscar. *The Soul of Man under Socialism*. London: Arthur L. Humphreys, 1900. E-Buch Projekt Gutenberg.

Zak, Paul. „The Neuroscience of Trust". *Harvard Business Review*, Januar/Februar 2017. https://hbr.org/2017/01/the-neuroscience-of-trust.

Zimmermann, Julia und Franz J. Neyer. „Do We Become a Different Person When Hitting the Road? Personality Development of Sojourners". *Journal of Personality and Social Psychology* 105, Nr. 3 (2013): 515.

Über den Autor

Justin Bariso ist Autor, Vortragsredner und Berater. Er zählt zu den beliebtesten Kolumnisten auf Inc.com. Über seine Gedanken zu den Themen Führung, Management und emotionale Intelligenz haben – unter anderem – TIME, CNBC und *Forbes* berichtet. Immer wieder wird er auf LinkedIn zur „Top Voice" gekürt, wenn es um Managementfragen oder Fragen der Unternehmenskultur geht.

Justin ist in einer multikulturellen Umgebung aufgewachsen und hat gelernt, die Welt aus ganz unterschiedlichen Blickwinkeln zu betrachten. Er war fasziniert davon, wie ein und derselbe Nachrichtenbeitrag höchst unterschiedliche emotionale Reaktionen auslösen konnte – je nach Alter, Background und Erziehung des Empfängers. Zehn Jahre lang hat er für eine große gemeinnützige Organisation gearbeitet. Dann ist er nach Europa gegangen und hat eine Beratungsfirma gegründet. Dort arbeitet er mit einer Vielzahl von Unternehmen zusammen, von ganz kleinen Betrieben bis zu weltweit agierenden Fortune-500-Firmen.

Heute konzentriert sich Justin darauf, anderen zu vermitteln, wie sie die Macht ihrer Gefühle zum Guten einsetzen können.

Kontakt und Vorträge

Ich bin gern bereit, die Forschungsergebnisse, Interviews und Einsichten zu teilen, die ich während der jahrelangen Arbeit an diesem Buch gewonnen habe. Mit viel Praxisbezug und Beispielen aus der Realität beleuchte ich, wie Sie emotionale Intelligenz in Alltagssituationen am Arbeitsplatz (und zu Hause) anwenden können, und warum es wichtiger denn je ist, das zu tun.

Wenn Sie mich einladen möchten, bei Ihrer nächsten Veranstaltung zu sprechen, kontaktieren Sie mich über LinkedIn oder schreiben Sie eine E-Mail an **info@eqapplied.com**.

Außerdem würde ich gern davon erfahren, falls dieses Buch Ihr Leben durch Einsichten oder Aha-Momente bereichert hat. Auch wenn Sie meinen Gedanken nicht zustimmen oder konstruktive Kritik üben möchten, bin ich dafür offen.

Ich freue mich darauf, von Ihnen zu hören – und zu lernen.

Stichwortverzeichnis